Guía
práctica para
emprendedores
en México en el
siglo XXI

Mstra. Alejandra Rangel Garcia

Hola Publishing Internacional
Eugenio Sue 79, int. 4, Col. Polanco
Miguel Hidalgo, C.P. 11550
Ciudad de México, México

Primera edición, Marzo 2024
ISBN: 978-1-63765-588-7

Mantente actualizado en tu sector, enriquece tu conocimiento y trabaja duro para lograr tus objetivos.

Índice

Prólogo

Queridos lectores,

Este libro fue creado con la intención de proveer los conocimientos necesarios para tomar decisiones financieras sólidas y bien informadas. Espero que sea de gran ayuda para cada persona que esté en camino hacia la prosperidad y el éxito financiero. Durante la pandemia del COVID-19 que todos vivimos, tuve un momento de suerte donde pude despegar mi emprendimiento y durante ese tiempo busqué alguna guía que me apoyara para dar el paso. Aunque no encontré una sola, este trayecto me ayudó a recabar información que ahora comparto con ustedes a través de esta guía.

Me gustaría agradecer a mi familia, amigos y colegas por su apoyo y motivación durante el largo proceso. Sin todos ustedes, este esfuerzo no habría sido posible.

Este libro está dedicado a todos aquellos que cada día se esfuerzan por alcanzar sus metas financieras y mejorar su calidad de vida. Espero que logren disfrutar de la lectura tanto como yo disfruté escribiendo.

Muchas gracias por leer.

Atentamente,
Mstra. Alejandra Rangel Garcia

I

Introducción al libro

Les agradezco mucho que se tomen el tiempo para leer este libro. En esta pequeña introducción hablaré sobre el giro que tuvo el emprendimiento en México después del COVID-19, pues, tras la pandemia, se convirtió en una forma atractiva y variable para los individuos de crear sus propias oportunidades de negocio y generar empleos para ellos y para otros.

México ha experimentado un incremento sustancial en los últimos años, enfocándonos en las ideas de los emprendedores, gracias al aumento en la disponibilidad de capital de inversión, el aumento constante en la educación empresarial, y el crecimiento de la tecnología y las redes sociales.

Este crecimiento ha impulsado tanto a los emprendedores como a los extranjeros que han visto una oportunidad valiosa en México para desarrollar sus ideas y nuevas estrategias de negocios. A pesar de los desafíos económicos y sociales que México ha enfrentado en el pasado, este país ha demostrado que los empresarios jóvenes, nuevos, o empresas grandes, tienen la capacidad de recuperación y adaptación, y ha sido capaz de proporcionar un ambiente ideal para la incubación de empresas en diferentes sectores.

En esta introducción me gustaría que examinemos algunos factores que han contribuido al auge del emprendimiento en México, así como algunos de los varios desafíos que aún enfrentan los emprendedores en el país. También exploraremos las oportunidades y las tendencias emergentes que podrían dar forma al futuro de los emprendedores.

Espero que esta investigación del emprendimiento en México provea información valiosa y que se vuelva un recurso útil para ti que deseas emprender.

1. El auge del emprendimiento

La pandemia del COVID 19 ha tenido un impacto significativo en la economía global y México no ha sido ninguna excepción. Sin embargo, este desafío ha creado nuevas oportunidades para los emprendedores que buscan innovar y adaptarse a los cambios en los consumidores, la tecnología y las condiciones económicas que ha dejado la crisis de salud. El emprendimiento en México ha tenido situaciones de auge en los últimos dos años y este fenómeno es una muestra de la creatividad y motivación de los emprendedores en varios países, pero en especial en México.

Uno de los ejemplos más notables del emprendimiento en México después de la pandemia ha sido el surgimiento de los servicios a domicilio y el e-commerce, pues con la propagación del virus muchas personas tuvieron que adaptarse al home office y vivir, como pudieran, con el menor contacto posible. Por ello, este emprendimiento resolvió el problema de una nación entera al permitirse seguir moviendo la economía sin salir del hogar.

Esto también ha llevado a un aumento en la demanda de servicios de entrega y muchos emprendedores de productos y servicios han visto una oportunidad en ofrecer este servicio extra, pero el más beneficiado fue el sector de alimentos. Por ejemplo, el startup mexicano Chiper ha desarrollado una aplicación que permite que pequeñas tiendas locales tengan acceso a tecnología logística para ofrecer productos y servicios a través de un sistema de entregas en dos horas. Otro ejemplo notable es el de las empresas de tecnología financiera (fintech) que han ido ganando terreno en México desde hace algunos años. Durante la pandemia, las empresas fintech han visto un crecimiento significativo en su base de usuarios y su volumen de transacciones. Empresas como Klar, que ofrece una plataforma bancaria digital enfocada en millennials y emprendedores, han sido un gran éxito en México gracias a su fácil acceso y flexibilidad de uso.

Un último ejemplo exitoso es el de las empresas de enseñanza y capacitación online que, con la suspensión de las clases presenciales el mundo educativo, tuvieron que adaptarse para evitar el atraso de conocimiento universal, y esto se vio con un impacto del 69% en el primer año tras lanzar emprendimientos de educación a distancia. De igual manera, las empresas de educación en México han experimentado un crecimiento único, ellas ahora ofrecen materias con materiales de alta calidad en diversos temas y habilidades en las plataformas educativas.

En conclusión, estos son sólo algunos ejemplos de emprendimiento en México que surgieron después de la pandemia del COVID 19. Está más que claro que los emprendedores mexicanos están dispuestos a explotar todas sus oportunidades para encontrar un camino hacia el emprendimiento que le des lo suficiente para solventar sus sueños.

2. El propósito de este libro

En las ultima décadas, México ha experimentado una transformación en muchos aspectos para convertirse en una economía competitiva en el mundo. Una de las áreas que ha experimentado un crecimiento significativo es el emprendimiento. Muchos mexicanos se han motivado lo suficiente para, de un sueño, crear modelos de negocios que ayudan a la economía y apoyan a que más personas pasen de emprender a volverse empresas competitivas en el mercado internacional.

El libro *Guía práctica para iniciar tu propia empresa en México en el Siglo XXI* fue escrito con base en mi deseo de proporcionar a otros empresarios y emprendedores como yo una guía paso a paso para crear y conducir su propia empresa en México en el mundo nuevo. El libro fue diseñado para cubrir las etapas cruciales en la creación y gestión de un emprendimiento exitoso. Comienza con la autoevaluación, donde los lectores pueden explorar sus razones, motivaciones y habilidades para crear físicamente ese sueño.

Examina también los destalles del proceso de materialización de los conceptos e ideas a una estructura sólida, la forma de investigar el mercado y conocer al cliente ideal para ti. Una vez que se ha desarrollado la idea de negocio, el libro proporciona una guía para la elaboración de un plan de negocios. Esto incluye componentes críticos como la definición de objetivos, la identificación del mercado objetivo, análisis de competencia y la presentación de proyecciones financieras sólidas y la obtención del financiamiento necesario para iniciar el negocio.

La decisión de comenzar una empresa implica un gran compromiso y la guía también cubre el proceso de poner en marcha y lanzar una empresa. Esto incluye empaparse de la estructura legal para la empresa y la obtención de sistemas de información y sistemas de operación y promoción. Y espero que este libro les dé una orientación sobre cómo un sueño se debe estructurar para asegurar el éxito de este a largo plazo.

En resumen, el objetivo de esta guía práctica es proporcionar a los emprendedores una hoja de ruta para iniciar y desarrollar su propia empresa en México en la era moderna. Con un enfoque detallado en todas las etapas críticas del proceso, incluyendo las últimas tendencias en el ecosistema empresarial mexicano, los lectores tendrán acceso a la información y herramientas necesarias para crear y hacer crecer una empresa exitosa en la economía mexicana actual. Por lo tanto, este libro es una excelente herramienta para aquellos que buscan seguir su propio camino hacia el éxito empresarial en México.

II

Preparándote para emprender

Para poder poner en orden una idea que se vuelva empresa en México, es necesario que el emprendedor se prepare adecuadamente. En este capítulo se explorará cómo se debe preparar un emprendedor antes de iniciar un negocio en México.

1. Autoevaluación

El primer paso en la preparación de un emprendedor es hacer una autoevaluación honesta de sus habilidades, conocimientos y motivaciones. Esta autoevaluación debe incluir las fortalezas y debilidades, una evaluación sobre qué tanto riesgo están dispuestos a correr y solventar.

También es importante considerar los valores personales y cómo se relacionan con la visión, misión y valores de su idea antes de ser una empresa.

a. Identificación del nicho-mercado

Después de esto, el siguiente paso es identificar un nicho en el mercado y determinar si es viable y atractivo para la creación de una empresa. Esto implica conocer a los competidores, la demanda del mercado, las tendencias y los cambios generacionales. También es importante investigar los factores económicos, políticos y sociales que afectan el mercado objetivo.

b. Desarrollo de una mentalidad emprendedora

Los emprendedores también deben tener una mentalidad emprendedora y estar abiertos al aprendizaje continuo, esto implica tener la capacidad de adaptarse a los cambios y las incertidumbres que pueden surgir en el proceso de creación de una empresa, además de estar dispuestos a tomar riesgos y a buscar oportunidades.

c. Desarrollo de una visión

Es fundamental para el éxito de cualquier empresa tener una visión clara. La visión debe ser realista, alcanzable y guiar la toma de decisiones. También debe ser flexible para permitir el crecimiento de la empresa y establecer un sentido de dirección para la misma.

d. Desarrollo de habilidades empresariales

Finalmente, todo emprendedor debe desarrollar las habilidades empresariales necesarias para administrar con éxito una empresa.

Entre estas habilidades se incluyen la administración del tiempo, la toma de decisiones basadas en datos, la gestión del personal, la habilidad de ventas, la estrategia de marketing y la resolución de problemas. Los emprendedores pueden mejorar sus habilidades empresariales mediante la capacitación y la formación continua.

En resumen, para poder iniciar con éxito una empresa en México, los emprendedores deben prepararse adecuadamente mediante una autoevaluación honesta, la identificación de un su mercado, el desarrollo de una mentalidad emprendedora, el establecimiento de una visión clara y el desarrollo de habilidades empresariales.

La preparación adecuada garantizará que los emprendedores estén listos para enfrentar los desafíos que pueden surgir en el proceso de creación. Y este proceso no sólo es un desafío como negocio, sino de igual forma en el entorno personal.

El emprendedor debe ser consciente que emprender no le dará más libertad, pues será responsable de hacer que todo funcione y de aprender a manejar su tiempo para lograrlo.

e. La autoevaluación crítica

La autoevaluación es un paso crítico para cualquier emprendedor antes de iniciar un emprendimiento o cualquier proyecto. La autoevaluación implica un examen honesto de las fortalezas, debilidades, habilidades y motivaciones del emprendedor. A continuación, se presentan los elementos básicos para hacer una autoevaluación sincera.

f. Evaluar las habilidades

Es importante que el emprendedor comprenda claramente sus habilidades. Esto involucra reflexionar sobre las habilidades aprendidas en trabajos anteriores, experiencia educativa y las habilidades que se han desarrollado a lo largo de la vida.

También es importante tener en cuenta habilidades como comunicación, toma de decisiones, carisma, facilidad de palabra, orden y habilidades de liderazgo. Los emprendedores deben considerar estas habilidades u otras que pueden ser útiles en el inicio de un emprendimiento.

g. Conocer tus debilidades

Al mismo tiempo, un emprendedor debe identificar sus áreas de debilidad, deben ser realistas al reconocer estos áreas y trabajar para superarlas. También es importante ser consciente de los límites personales y saber cuándo buscar ayuda externa para cubrir las habilidades que puedan hacer falta en el equipo.

h. Motivación

La motivación es un factor crucial cuando se inicia un emprendimiento. Los emprendedores deben preguntarse si están motivados y si tienen el compromiso necesario para hacer frente a los desafíos que vendrán con el proyecto. Algunas preguntas que un emprendedor puede hacerse para evaluar su motivación son:

- ¿Por qué quiero iniciar un emprendimiento?
- ¿Cuáles son mis metas a largo plazo?
- ¿Estoy dispuesto a trabajar horas extenuantes y a enfrentar rechazos y fracasos?

i. Determinar la disposición para tomar riesgos

Otro aspecto importante es la disposición para tomar riesgos. La creación de una empresa implica no siempre tener la información suficiente a la hora de tomar una decisión, es decir, a veces no hay bases para calcular qué tan adecuada es la decisión que se toma.

En este sentido, los emprendedores deben preguntarse qué tan dispuestos están a asumir riesgos financieros, personales y emocionales. Tu nivel de aversión al riesgo determinará el modelo y la estrategia de trabajo más efectiva para ti al empezar un proyecto.

2. Desarrollo de una mentalidad de emprendedor

En el siglo XXI el entorno empresarial e ha evolucionado significativamente, los empresarios necesitan desarrollar una mentalidad adecuada para enfrentar estos desafíos.

Podemos definir una mentalidad empresarial como un conjunto de actitudes, habilidades y valores que hacen que un empresario sea más efectivo en el desarrollo y dirección de su negocio. A continuación se describen algunas características que pueden crear una mentalidad empresarial.

A. Adaptabilidad:

La adaptabilidad es una característica crítica en el entorno actual, ya que los cambios son constantes en las demandas del mercado y lo mismo pasa con las regulaciones gubernamentales. Los empresarios deben estar abiertos a nuevas ideas y ser capaces de manejar los cambios para responder a los nuevos desafíos

Un buen ejemplo podría ser el cambio que muchas empresas mexicanas tuvieron que hacer para adaptarse a la pandemia de COVID-19, y cómo algunos restaurantes de comida rápida comenzaron a pagar a sus empleados mientras se capacitan para entregar pedidos a través de aplicaciones de mensajería.

B. Creatividad:

Los empresarios deben ser creativos, pensar fuera de lo convencional para encontrar soluciones innovadoras a los problemas.

El servicio o producto que desarrolla el emprendedor es lo que determinará el enfoque de la creatividad, pues este puede variar. Si es un servicio, la creatividad debe estar más enfocada a la percepción, satisfacción y beneficio del al cliente; si es un producto, será necesario contratar o educarse en la mercadotecnia necesaria para poder liberar una creatividad que sea lucrativa.

Por ejemplo, la empresa mexicana Babu Home se basa en un modelo de negocio sostenible en el que se reciclan y reúsan frascos de vidrio para crear velas perfumadas.

C. Liderazgo:

Los empresarios necesitan tener una visión clara y un estrategia específica para liderar. También necesitan ser capaces de inspirar y motivar a su equipo para hacer lo mismo.

El liderazgo no se basa en la forma de llevar al equipo, sino en la capacidad que tiene como emprendedor para manejar y resolver los problemas, estos pueden ser diarios, semanales, anuales o esporádicos. La efectividad de tu liderazgo se determinará cuando tu equipo, como tú, pueda manejar y guiar a otros para alcanzar las metas necesarias.

Un buen ejemplo podría ser la empresa mexicana Rise Robotics, donde su CEO, Cesar Martínez, lidera a su equipo para desarrollar robots de alta tecnología que benefician a la industria automotriz de México.

D. Toma de decisiones basada en datos:

Los empresarios deben ser capaces de tomar decisiones basadas en datos en lugar de suposiciones. Esto ayudará a minimizar el riesgo, asegurando a la empresa un avance en la dirección correcta.

Como emprendedor, habrá situaciones en las que tu forma de ser serán cuestionadas y deberás aprender a diferenciar lo personal de lo laboral. Un trabajo sólo es un trabajo, no debe tomarse de manera personal.

Aunque, a decir verdad, eso es más fácil escribirlo y decirlo que realmente hacerlo, por eso la toma de decisiones como empresario debe basarse en datos e información contundente que pueda ser argumentada.

Por ejemplo, la empresa mexicana Conekta utiliza tecnología avanzada para recopilar y analizar datos que les permite adaptar rápidamente su modelo de negocio para satisfacer las necesidades de sus clientes.

Te proporciono algunos ejercicios prácticos:

1. Una forma de desarrollar una mentalidad empresarial es a través de la práctica diaria, esto puede incluir la creación de una lista de posibles soluciones para cada problema, el trabajo conjunto en la toma de decisiones basadas en datos, la práctica de un liderazgo a través de la motivación y la inspiración de los demás, y el desarrollo de la adaptabilidad.

   También es importante rodearse de personas que tengan una mentalidad empresarial positiva e incluso tomar cursos de formación y capacitación que ayuden a mejorar las habilidades necesarias para desarrollar una mentalidad empresarial sólida.

   Un ejercicio utilizado por psicólogos es exponer la situación viendo un espejo en donde podrás escuchar tus planes y desarrollas opciones reales.

2. Tomar un enfoque experimental servirá a los empresarios innovadores a desarrollar

nuevas ideas y métodos. La generación de nuevas ideas tiene que ser un proceso libre, aunque estas no sean exitosas en primera instancia, la perseverancia en la experimentación es lo que ayudará a alcanzar el éxito. Ninguna idea es mala, algunas sólo necesitan más trabajo.

Un ejercicio práctico podría ser crear un producto o servicio y someterlo a pruebas para ver cómo funciona en el mercado. Esto les permitirá a los empresarios aprender de los errores, ajustar el producto o el servicio y adaptarlo a las necesidades del mercado.

3. Identificar nuevas oportunidades de mercado es tarea del empresario, este tiene que estar siempre alerta. Aprender a identificar las oportunidades será uno de los retos más interesantes, pero recuerda que, aunque emprendas, si sientes que algo no está bien, está bien negarse. No por estar empezando debes decir que sí a todo.

Como ejercicio práctico se puede investigar acerca de nichos y encontrar en estos nuevas oportunidades. También ayuda la observación de las nuevas tendencias tanto industriales como culturales.

4. Aprender de los fracasos es esencial, pues estos siempre serán parte del proceso. Aquel que crea que sin errores y fracasos puede ser exitoso, sólo está soñando. Los errores te ayudan a pulir tu modelo de trabajo y alcanzar metas más altas que las planteadas.

   Un ejercicio práctico podría ser analizar un fracaso empresarial, identificar las causas, buscar lecciones dentro de los errores y mejorar el modelo de negocio para evitar cometerlos de nuevo.

5. Realizar networking. El networking es una herramienta valiosa para los empresarios, les ayuda a conocer a otras personas en la industria y a crear alianzas comerciales.

   Es muy importante recordar que, aunque el cliente crea tener la razón, eso no siempre es verdad. Lo que pasa es que los clientes no quieren escuchar qué hacen mal, sino que necesitan saber cómo mejorar lo que ya hacen, o qué producto puede facilitarles la vida. Ser sociable, proactivo y amable es esencial para un emprendedor y será tu trabajo más difícil.

Un ejercicio práctico podría ser asistir a eventos empresariales, unirse a grupos de discusión empresarial en línea, y establecer reuniones con otros empresarios para discutir nuevas ideas y oportunidades de colaboración.

Cada uno de estos ejercicios puede ayudar al empresarios a desarrollar su mentalidad y prepararse para los desafíos y oportunidades del mercado.

A continuación se presentan varios ejemplos de la mentalidad de los emprendedores en México en el siglo XXI. Ellos adaptaron estos consejos a su emprendimiento:

Juan Francisco Aguilar: Fundador de la empresa mexicana Fintech Kueski, tenía una mentalidad innovadora y buscaba soluciones para los problemas financieros de la gente. Su negocio ofrece préstamos sin revisión crediticia, utilizando tecnología avanzada para evaluar la solvencia de los clientes.

Rocío González: Fundadora de la empresa mexicana Abarrotero.com. Tenía una mentalidad centrada en el cliente. Su negocio ofrece soluciones de abastecimiento para pequeños negocios y tiendas en línea, también ofrece precios competitivos y un proceso de compra fácil y rápido.

Jaime Ruiz Sacristán: Fundador de la empresa mexicana Canasta Rosa, tenía una mentalidad de liderazgo y creatividad. Su empresa es una plataforma de compras en línea que promueve la compra de productos hechos en México y apoya a los pequeños negocios locales.

Salvador Villalobos: Fundador de la empresa mexicana Credijusto, tenía una mentalidad de solución de problemas financieros. Su negocio ofrece soluciones de financiamiento para pequeñas y medianas empresas, desarrolló un modelo de financiamiento a través de la tecnología en línea.

Gabriela León: Fundadora de la empresa mexicana Probionics, tenía una mentalidad emprendedora de la industria biotecnológica. Su negocio produce probióticos personalizados para tratar enfermedades y mejorar la salud de las personas.

Cada uno de estos emprendedores mexicanos ha demostrado tener una mentalidad empresarial sólida y centrada en resolver problemas y satisfacer las necesidades del mercado.

III

Conceptualización del negocio

En el México contemporánea, los empresarios enfrentan un entorno cada vez más competitivo y exigente. Para tener éxito en este contexto no basta con tener una buena idea o un producto de calidad, es necesario contar con una visión clara del negocio, su mercado, su propuesta de valor y sus objetivos a largo plazo. Para esto, es fundamental contar con un modelo de negocio y este proceso que implica definir y clarificar las bases del proyecto empresarial, identificar oportunidades y amenazas y establecer estrategias y planes de acción concretos para alcanzar los objetivos establecidos.

En este capítulo exploraremos algunos de los conceptos esenciales de la conceptualización del negocio y su importancia para los empresarios mexicanos en la actualidad.

1. Desarrollo de una idea de negocio sólida

El desarrollo de una idea de negocio sólida es esencial para el éxito empresarial. Los siguientes son algunos pasos a seguir para consolidar un plan de negocio sólido:

1. Identificar una necesidad o problema a resolver: la idea de negocio debe comenzar por la identificación de una necesidad insatisfecha o un problema a resolver en algún mercado o sector. Es aquí donde tu idea empieza a tomar forma.

2. Realizar investigación de mercado: conocer el mercado donde se quiere incursionar y obtener información concreta sobre los clientes, la competencia y las tendencias del mercado. Es importante que tu idea contenga un grado investigación, no puedes lanzar un producto o servicio sin conocer apropiadamente qué necesidad quieres cubrir.

3. Definir el público objetivo: con base en la investigación de mercado, definir el público objetivo y establecer las características del cliente ideal. Tu cliente ideal es aquel que necesita cubrir esa necesidad que ofreces y con ello debes adaptar tu idea a la edad, genero, estatus social, situación económica, deseos y actitudes. A partir del diseño del cliente ideal, empezamos a buscar al público con características parecidas.

4. Crear una propuesta de valor: una propuesta de valor tiene que ser única y diferenciada aparte de resolver la necesidad o problema detectado anteriormente. Con un cliente ideal empieza la parte interesante, deberás plantear la razón por la cual tu servicio o producto es el indicado para tu cliente y cuál es la mejor manera de venderlo.

5. Establecer el modelo de negocio: definir el modelo de negocio en términos de fuentes de ingresos, costos y estructura operativa. Debes crear una estrategia que te suficiente el margen de costos, liquides y utilidad.

6. Desarrollar un plan de acción: el plan tiene que ser concreto y se tienen que definir los pasos para llevar a cabo la idea de negocio,

incluyendo los recursos necesarios. Ya con los elementos determinados, deberás definir los pasos para ponerte en acción. Hay que preguntarse si se utilizarán ahorros solamente o se pedirán créditos o financiamientos. En este paso aprenderás la diferencia entre deuda buena y deuda mala.

7. Realizar prototipado: hacer el prototipo o la versión inicial del producto o servicio para probarlo con los clientes y detectar cualquier ajuste necesario. Este paso sólo deben tomarlo emprendedores que deberán definir sobre la marcha el acercamiento correcto a su nicho. Empieza con familiares, amistades, socios, personas cercanas, para que te den opiniones honestas que puedas utilizar al tener ya a un cliente externo.

8. Lanzamiento y evaluación: una vez que se tiene una versión definitiva del producto o servicio, lanzar la idea de negocio al mercado y evaluar constantemente su desempeño.

Ahora empiezan los nervios, es el momento del salir al mundo, deberás tomar las cosas con calma y aprovechar todos los elementos que tengas a tu favor.

La clave para el desarrollo de una idea de negocio sólida es la realización de una investigación exhaustiva del mercado, la identificación de una necesidad o problema, la creación de una propuesta de valor única y diferenciada, y la definición de un modelo de negocio claro y concreto.

Te presento algunos ejemplos no muy conocidos de emprendedores en México que desarrollaron una idea de negocio que los ha ayudado a enfrentar los retos postpandemia.

> **GRIN:** Una empresa mexicana de scooters eléctricos que ofrece un servicio de movilidad urbana. Utilizando una aplicación móvil, los usuarios pueden ubicar y desbloquear un scooter cercano para usarla, y luego dejarlo en cualquier lugar permitido en la ciudad. GRIN ha encontrado un nicho importante en el mercado de movilidad urbana en México, una ciudad con problemas de tráfico y de confiabilidad en el transporte público.

> **Kueski:** Es una plataforma de préstamos en línea que ofrece a los consumidores préstamos rápidos y personalizados sin necesidad de ir a una sucursal bancaria. El proceso de solicitud es simple y la empresa utiliza algoritmos avanzados para determinar el nivel de riesgo crediticio del solicitante. Kueski ha encontrado un mercado importante entre los mexicanos que no tienen

acceso a otros tipos de crédito. Desde su lanzamiento en 2013, ha tenido éxito.

Lactography: Es una empresa de tecnología médica que desarrolló un dispositivo portátil que permite la detección temprana del cáncer de mama. El dispositivo utiliza microondas para crear imágenes altamente detalladas del tejido mamario, lo que permite a los médicos detectar tumores en etapas tempranas. Lactography ha ganado varios premios y reconocimientos, y actualmente está buscando socios para expandirse hacia más mercados.

Isla Urbana: Es una empresa que ofrece soluciones sostenibles para la gestión del agua en comunidades urbanas. Isla Urbana ha desarrollado sistemas de captación y tratamiento de agua de lluvia para comunidades de bajos ingresos, lo que les permite obtener agua potable de forma sostenible y asequible. La empresa ha trabajado en varias partes de México y ha sido reconocida por su impacto social positivo.

Al enfocarse en identificar una necesidad insatisfecha, crear una propuesta de valor única y diferenciada, y ofrecer soluciones sostenibles y tecnológicas, estos emprendedores han logrado hacer una diferencia en el mercado y en la sociedad.

Te proporciono algunos ejercicios prácticos que pueden ayudar en el desarrollo de una idea de negocio sólida sin necesidad de gastar dinero:

Realiza una lluvia de ideas: dedica al menos treinta minutos a escribir todas las ideas de negocio que se te ocurran, sin importar lo locas o extravagantes que parezcan. Esto puede ayudarte a encontrar una idea que no habías considerado antes.

Identifica un problema y busca una solución creativa: piensa en algún problema cotidiano que experimentes o que hayas escuchado de otras personas y trata de idear una solución creativa y original para este.

Haz una encuesta o sondeo: usa plataformas gratuitas como Google Forms para hacer una encuesta o sondeo sobre una necesidad o problema en particular en tu comunidad o mercado objetivo. Los resultados pueden darte una idea de negocio.

Analiza la competencia: investiga qué otras empresas ofrecen productos o servicios similares y analiza sus fortalezas y debilidades. Esto puede ayudarte a identificar una oportunidad en el mercado.

Busca inspiración en redes sociales: sigue cuentas de Instagram, Twitter o Facebook de empresas innovadoras y exitosas en áreas de tu interés, y toma nota de las tendencias y soluciones que presenten.

Identifica a tu cliente ideal: escribe una lista de las características de tu cliente ideal, incluyendo género, edad, intereses, nivel socioeconómico, etc. Esto puede ayudarte a enfocar tu propuesta de valor y estrategias de marketing.

Analiza el modelo de negocio de otras empresas: estudia el modelo de negocio de empresas exitosas y piensa cómo puedes aplicarlo en una idea de negocio propia.

Estos ejercicios prácticos son útiles para el desarrollo de una idea de negocio sólida sin necesidad de gastar dinero. Al identificar oportunidades, soluciones y necesidades del mercado, es posible crear una propuesta de valor que sea única y diferenciada, que sea rentable y sostenible a largo plazo.

2. Investigación de mercado y del cliente

En el mundo empresarial es fundamental realizar una investigación de mercado y del cliente antes de lanzar un producto o servicio.

La investigación de mercado y del cliente proporciona información valiosa y relevante sobre la competencia, las tendencias, los hábitos de compra de los consumidores y sus opiniones sobre los productos o servicios. Deberás conocer realmente quién desea, quién necesita y quién debe tener tu servicios. Esta información es clave para desarrollar una propuesta de valor sólida y única que responda a las necesidades y deseos de los clientes. Además, permite identificar oportunidades en el mercado y evitar riesgos potenciales de inversión.

Los riesgos varían de acuerdo al emprendedor, pregúntate qué estás dispuesto a perder o qué estás dispuesto a ganar. Deberás conocer tus límites y, si quieres un emprendimiento duradero, defínelo desde un principio. En resumen, la investigación de mercado y del cliente es un proceso crucial para alcanzar el éxito de un emprendimiento.

La información obtenida a través de la investigación permite que los emprendedores tomen decisiones informadas sobre su modelo de negocio, la segmentación de su mercado, su estrategia de marketing y sus objetivos a largo plazo. Por lo tanto, la investigación de mercado y del cliente no sólo ayuda a reducir los riesgos empresariales y a minimizar los costos, sino que también aumenta las posibilidades de éxito y crecimiento sostenible.

Muchas personas tienen problemas para diferenciar entre costo y gasto, esto puede generar problemas en las cuentas al principio. Por ello te contaré una pequeña historia que sirve para explicar este tema.

Un hombre busca casarse, conoce a la candidata ideal y la invita a salir. El día de la cita, el hombre compra flores, se arregla, usa loción, sale en su auto a la dirección de la chica. Ahí baja, toca la puerta, le entrega las flores, le abre la puerta del coche y se van al cine, luego una cena, una caminata por el parque y ya es hora de regresar. Al llegar al domicilio de la chica, el hombre se baja abre la puerta del coche para que ella baje, la escolta y la lleva a su puerta. Y aquí viene la explicación de costo y gasto.

Si ella, en la puerta de su casa, se acerca y le da un beso al hombre. Entonces todo lo que hizo por ella fue un costo, ya que hubo una utilidad al final del día. Pero si ella no lo besa, entonces todo lo que hizo por ella fue un gasto, ya que no recibió una utilidad de lo invertido.

Ejemplo 2: Un emprendedor abre una panadería y decide añadir un tipo diferente de postre a su menú. Para hacer esto, primero debe invertir en los ingredientes, el personal y el equipo necesario para preparar y vender el postre. Esto tendría un costo: una inversión realizada con la expectativa de obtener beneficios a lo largo del tiempo. Una vez que los postres están en el menú, cada vez que un postre se vende, el costo de los ingredientes, el tiempo del personal y otros gastos involucrados en la venta se consideran gastos. Estos gastos corresponden a los costos en que se incurre para generar ingresos.

En resumen, el costo es la inversión inicial para hacer algo posible, mientras que el gasto es el monto que se obtiene después de ganar ingresos y en algunos casos el monto de no recuperar o generar ingresos.

En tu emprendimiento deberás determinar correctamente qué es un gasto y qué es un costo. Y eso lo lograrás entrenando tu mentalidad de emprendedor.

Pasos para hacer una investigación de mercado

A continuación se presenta una guía para generar una investigación de mercado sólida:

1. Define tu objetivo: para ello, plantéate lo siguiente: ¿qué es lo que quieres conocer?, ¿cuáles son tus preguntas?, ¿necesitas conocer mejor tu mercado, entender a tu competencia o conocer más sobre tus clientes? Define tus objetivos de investigación con anticipación para que puedas enfocarte en las preguntas correctas.

2. Identifica tu mercado objetivo: después de definir tu objetivo de investigación, identifica y segmenta a tu mercado. ¿A quién quieres

vender tus productos o servicios?, ¿cuál es tu mercado objetivo?, ¿es una audiencia específica o un grupo demográfico?

3. Haz una investigación de escritorio: comienza con una investigación de escritorio para obtener información existente sobre tu mercado y los competidores. Puedes usar fuentes como estadísticas gubernamentales, informes de la industria, estudios de mercado y análisis de tendencias.

4. Realiza encuestas: las encuestas son una herramienta valiosa para conocer a tus clientes y su opinión sobre tu producto o servicio. Puedes hacer encuestas con herramientas gratuitas en línea, o incluso en redes sociales.

5. Realiza entrevistas: busca clientes potenciales y actuales para obtener información sobre sus necesidades, problemas, deseos y la demanda de tu producto o servicio.

6. Observa el comportamiento del cliente: registra cómo los clientes interactúan con productos o servicios similares al tuyo. Podría ser en tiendas, en línea o incluso en redes sociales.

7. Analiza los resultados: después de realizar tu investigación, analiza los resultados y haz una revisión crítica. ¿Cuál es la información relevante?, ¿qué conclusiones puedes extraer de los datos?, ¿cuáles son las oportunidades que se presentan para tu producto o servicio?

En resumen, siguiendo estos pasos puedes generar una investigación de mercado sólida, Es un proceso sencillo y puedes hacerlo invirtiendo un poco de dedicación.

La información de calidad sobre el mercado y los clientes es esencial para identificar oportunidades de mercado y crear una propuesta para tu emprendimiento, pero hay algunos otros medios para realizar investigaciones de mercado y del cliente que no te exigen invertir mucho dinero.

1. Grupos de enfoque: los grupos de enfoque son sesiones de discusión grupal donde se reúnen personas similares para hablar sobre un tema en particular. Para los emprendedores esto puede ayudar a obtener una comprensión más profunda y rica de las opiniones y actitudes del cliente sobre un producto o servicio. Estas sesiones se pueden hacer en línea, a través de plataformas gratuitas como Zoom o Google Meet.

2. Redes sociales: las redes sociales ofrecen una fuente valiosa de retroalimentación de los

clientes, esta es una forma de estudiar las tendencias del mercado. Sigue y estudia los comentarios, sugerencias y opiniones de tus seguidores en plataformas como Facebook, Twitter e Instagram.

3. Blogs y sitios web: los blogs y los sitios web pueden ofrecer una gran cantidad de información, desde publicaciones de opinión hasta análisis de tendencias y características del cliente. La participación en blogs y sitios web de tu sector o de tus competidores te permitirá obtener información valiosa.

4. Publicaciones académicas y gubernamentales: puedes acceder a publicaciones académicas y gubernamentales en línea o en bibliotecas públicas, esto no tiene un costo. Estas publicaciones incluyen investigaciones, estadísticas y análisis de tendencias que pueden ayudarte.

5. Comunidades en línea: por último, busca comunidades en línea de personas interesadas en tu mercado o sector, como foros y grupos de discusión en redes sociales. Estas comunidades pueden ofrecer una plataforma para obtener una retroalimentación franca y valiosa de la opinión del cliente y la opinión de otros emprendedores.

3. Análisis de la competencia

En el mundo empresarial actual, el análisis de la competencia se ha convertido en una herramienta fundamental para los emprendedores y empresas que buscan tener éxito en el mercado. El análisis de la competencia es un proceso que implica la identificación, evaluación y observación del mercado y de los competidores que actúan en él. Este proceso es importante porque permite a los empresarios conocer a su competencia, evaluar sus capacidades, fortalezas y debilidades, y determinar cómo su oferta de productos o servicios se compara con la oferta de sus competidores.

Además, el análisis de la competencia puede ayudar a definir una estrategia de marketing adecuada, identificar oportunidades de crecimiento y mejorar la eficiencia operativa de la empresa.

Es importante que uses todas las plataformas, y medios de mercadotecnia disponibles para ampliar tu mercado, define correctamente cual es el mensaje de tu producto y/o servicio y cómo deseas ser recordado.

Te presento una guía práctica para realizar un análisis de la competencia útil para emprendedores:

1. Identificar a la competencia: haz una lista de los principales competidores en tu mercado,

incluyendo empresas que ofrecen productos o servicios similares a los tuyos. Puedes buscar en Google o en directorios de empresas en línea.

2. Analizar la oferta de productos o servicios: examina los productos o servicios que ofrece cada uno de tus competidores, enfocándote en su calidad, características y precio. Intenta obtener una lista de precios de tus competidores si es posible.

3. Identificar las fortalezas y debilidades de la competencia: conocer el modelo de negocio, la estrategia de marketing, la presencia en línea, el servicio al cliente, la calidad del producto o servicio y la satisfacción del cliente puede llevarte a conocer las fortalezas y debilidades del competidor.

4. Conocer las políticas de precios y promociones: analiza las políticas de precios y promociones de tus competidores, incluyendo sus descuentos, ofertas especiales, lealtad al cliente y programas de recompensas.

5. Identificar oportunidades y amenazas: identifica las oportunidades y amenazas que presentan tus competidores en el mercado, incluyendo las

posibilidades de crecimiento, las tendencias del mercado y las amenazas que podrían enfrentar.

6. Identificar las estrategias de marketing: ¿qué estrategias de marketing utilizan tus competidores? Infórmate acerca de su publicidad, promoción, relaciones públicas y redes sociales.

7. Comparar la oferta de productos o servicios: compara tu emprendimiento con el de tus competidores, identifica las diferencias entre ellos. Esto te ayudará a crear una propuesta de valor única y diferenciada para tu negocio.

Me gustaría también mencionar algunos casos en los que emprendedores mexicanos implementaron estrategias específicas en diferentes etapas, tanto antes como después de la pandemia.

Gaby Espinoza, fundadora de la marca de joyas Gilda Vega

Gaby Espinoza fundó Gilda Vega, una marca de joyas de diseño contemporáneo inspiradas en la cultura mexicana, en 2014. A pesar de la competencia en el mercado de las joyas, Espinoza se destacó al realizar un análisis detallado de la competencia y encontrar una brecha en el mercado.

Mientras la mayoría de las marcas de joyas se centraban en la producción masiva, Espinoza decidió crear una marca que ofreciera piezas únicas y exclusivas. La empresa ha tenido un gran éxito y cuenta con colaboraciones con grandes marcas como Anthropologie y Urban Outfitters.

Héctor Silva, fundador del startup de tecnología GoPato

Héctor Silva fundó GoPato, una aplicación para solicitar servicios de entregas rápidas, en 2015. La idea surgió de su propia experiencia como conductor de entregas y su deseo de mejorar la industria. Silva reconoció la competencia en el mercado de las entregas rápidas, pero realizó un análisis exhaustivo para encontrar la oportunidad de mercado.

Descubrió que muchos competidores solo ofrecían servicios de entrega en bicicleta, por lo que decidió incorporar motocicletas a su flota. La empresa ha tenido un éxito importante y ha expandido sus servicios a varias ciudades de México y otros países de América Latina.

Vanessa Ponce de León, fundadora de la empresa social Joyería de la Tierra

Vanessa Ponce de León, ganadora del concurso de belleza Miss Mundo 2018, dejó la pasarela para fundar Joyería de la Tierra. Esta empresa social se dedica a la producción y venta de joyas elaboradas por artesanos de comunidades indígenas de México, con el objetivo de apoyar el desarrollo económico y social de estas comunidades.

Ponce de León reconoció la competencia en el mercado de la joyería, pero realizó un análisis cuidadoso para encontrar una oportunidad social. En lugar de centrarse en producir joyas únicamente para lucirlas, decidió utilizar su conocimiento y contactos en la industria para desarrollar un negocio que también impactará positivamente a las comunidades locales.

Diego García, fundador del startup de tecnología Kavak

Diego García fundó Kavak, una plataforma digital para la compra y venta de autos usados, en 2016.

A pesar de la competencia en el mercado de los autos usados, García realizó un análisis exhaustivo para encontrar una brecha en el mercado. Descubrió que muchos competidores ofrecían precios elevados y no brindaban una experiencia de compra satisfactoria. Kavak se enfocó en proporcionar precios competitivos y un proceso de compra fácil y transparente a través de la tecnología.

La empresa ha tenido un gran éxito y ha expandido sus operaciones a varios países de América Latina.

Alejandra Chávez, fundadora de la marca de moda y accesorios Namuh

Alejandra Chávez fundó Namuh, una marca de moda y accesorios inspirada en la cultura mexicana, en 2010. A pesar de la competencia en el mercado de la moda y los accesorios, Chávez realizó un análisis detallado de la competencia para encontrar una brecha en el mercado. Descubrió que muchos competidores ofrecían diseños genéricos y poco auténticos, por lo que decidió crear una marca que ofreciera productos únicos y auténticos con un enfoque en la sostenibilidad. Namuh ha tenido un gran éxito y cuenta con varias tiendas en México y en línea.

Gabriel Nudel, fundador de la empresa de alimentos saludables Green Corner

Gabriel Nudel fundó Green Corner, una empresa de alimentos saludables y orgánicos, en 2015.

Al realizar un análisis para encontrar una oportunidad en el mercado, descubrió que muchos competidores ofrecían alimentos saludables a precios elevados y no se enfocaban en brindar una experiencia de compra satisfactoria. Green Corner se enfocó, entonces, en ofrecer alimentos de alta calidad a precios más accesibles, y brindar un servicio al cliente excepcional.

La empresa ha tenido un gran éxito y ha expandido sus operaciones a varias ciudades de México.

Norman Muller, fundador del startup de tecnología Xertica

Norman Muller fundó Xertica, una empresa de consultoría de tecnología de la información y servicios en la nube, en 2012. Muller realizó un análisis detallado de la competencia para encontrar una brecha en el mercado y descubrió que muchos competidores ofrecían servicios de baja calidad, por lo que decidió crear una empresa que ofreciera soluciones a la medida y de alta calidad para empresas en América Latina. La empresa ha tenido un gran éxito y ha expandido sus operaciones a México, Colombia, Perú y Chile.

Alejandra Frausto Guerrero, fundadora de la empresa de turismo Tlatlaya Tours

Alejandra Frausto Guerrero fundó Tlatlaya Tours, una empresa de turismo que ofrece viajes a lugares poco conocidos de México, en 2014.

Frausto Guerrero realizó un análisis detallado del mercado de turismo y encontró que muchos competidores ofrecían viajes a destinos turísticos populares, pero no brindaban experiencias auténticas.

Tlatlaya Tours se enfocó en ofrecer viajes a lugares poco conocidos y brindar experiencias auténticas y enriquecedoras para los turistas. La empresa ha tenido un gran éxito y ha ganado varios premios por su compromiso con el turismo sustentable.

David Arana, fundador del startup de tecnología Konfío

David Arana fundó Konfío, una plataforma digital que ofrece préstamos en línea para pequeñas empresas en México, en 2014. A pesar de la competencia en el mercado de préstamos para pequeñas empresas, Arana realizó un análisis cuidadoso para encontrar una oportunidad en el mercado.

Descubrió que muchas pequeñas empresas no tenían acceso a préstamos o eran rechazadas por instituciones financieras tradicionales debido a la falta de historial crediticio. Konfío se enfocó en ofrecer préstamos en línea rápidos y accesibles con una evaluación de riesgo basada en análisis de datos.

La empresa ha tenido un gran éxito y ha ayudado a miles de pequeñas empresas en México.

Antonio Zavala, fundador de la marca de ropa Toxido

Antonio Zavala fundó Toxido, una marca de ropa para hombres, en 2014.

Al hacer una investigación sobre el mercado de la moda, Zavale descubrió que muchos competidores ofrecían ropa para hombres con diseños poco originales y llamativos, por lo que decidió crear una marca con una estética más llamativa y diseños más innovadores.

Toxido ha tenido un gran éxito y ha expandido su presencia en tiendas en México y en línea.

Eréndira Palma, fundadora de la empresa de productos de belleza Smeer

Eréndira Palma fundó Smeer, una empresa de productos de belleza orgánicos y sustentables que utiliza ingredientes de origen mexicano, en 2018.

A pesar de la competencia en el mercado de los productos de belleza, Palma realizó un análisis exhaustivo para encontrar una brecha en el mercado. Descubrió que muchos competidores ofrecían productos de belleza poco éticos y saludables, por lo que decidió crear una marca que ofreciera productos saludables, éticos y sustentables. Smeer ha tenido un gran éxito y ha ganado varios premios por su compromiso con la sustentabilidad.

Fabiola Herrera, fundadora de la empresa de productos para bebés y niños Mi Piaci

Fabiola Herrera fundó Mi Piaci, una marca de productos para bebés y niños, en 2013. Herrera realizó un análisis detallado del mercado en el que quería entrar y descubrió que muchos competidores ofrecían productos poco atractivos y originales, por lo que decidió crear una marca que ofreciera productos de alta calidad, bellos y originales.

Mi Piaci ha tenido un gran éxito y ha expandido su presencia en tiendas en México y en línea.

IV

Diseñando tu plan de Negocios

1. El propósito del plan de negocios

Debido a la alta competencia dentro del entorno empresarial, el diseño de un plan de negocios es esencial para cualquier emprendedor. Es una manera de estructurar tus ideas y tus metas de una manera tangible, sobre papel. Dentro del plan de negocios tendrás que definir tus objetivos, metas y estrategias, esto te ayudará a identificar cualquier posible problema para poder evitarlo y resolverlo anticipadamente. Es el momento de poner tus sueños a alcanzar sobre el papel, para que sean más fáciles y reales de concretar. Al elaborar un plan de negocios, podemos ver los siguientes beneficios:

1. Clarifica y define la visión del negocio: un plan de negocios permite al emprendedor definir claramente la visión, misión y valores de la empresa. La redacción de estos elementos esboza una idea general de lo que se quiere lograr y cómo se va a lograr.

2. Identifica y evalúa la viabilidad del negocio: a través del plan, el emprendedor puede evaluar la viabilidad del negocio, identificando y analizando los mercados y oportunidades disponibles, estableciendo objetivos y metas financieras, y desarrollando una estrategia para alcanzarlos.

3. Identifica los problemas y oportunidades del mercado: el análisis de la competencia y el mercado en el plan de negocios puede ayudar al emprendedor a identificar tendencias, oportunidades y problemas en el mercado que se puedan aprovechar. Esto puede incluir la identificación de los segmentos de mercado para los productos o servicios que se ofrecen, las tendencias de compra, la demanda, los precios, y el análisis de la competencia.

4. Ayuda a diseñar estrategias de marketing y ventas: un plan de negocios permite definir las estrategias de marketing y ventas de la empresa y establecer una manera para llegar al mercado objetivo. También puede ayudar a definir las estrategias de precio, promoción y publicidad más efectivas para el negocio.

5. Facilita la toma de decisiones: un plan también proporciona un marco para la toma de decisiones y ayuda a identificar problemas y oportunidades antes de que se conviertan en obstáculos. Los objetivos, metas y estrategias establecidos en el plan de negocios también pueden ser utilizados para la evaluación y medición del rendimiento y el éxito del negocio.

Te proporciono algunos ejercicios prácticos para que puedas hacerlo. Recuerda que tu mejor herramienta es el internet, utiliza los filtros necesarios y consegui la información que necesitas.

Investigación de mercado: se sugiere realizar un ejercicio en el que el emprendedor recopile información sobre el mercado objetivo, incluyendo el tamaño, segmentos clave, tendencias, competidores y demanda. Recuerda que tienes varios métodos y plataformas para hacerlo, no necesariamente debe ser algo que le dediques tiempo excede, pero debe ser algo realmente sensato y donde le pongas tu tiempo.

Análisis de la competencia: se puede plantear un ejercicio en el que se identifiquen y analicen a los principales competidores del negocio, incluyendo su propuesta de valor, fortalezas, debilidades y estrategias de marketing y ventas. Debes saber que actualmente existen pocos emprendimientos que son realmente nuevos, y por lo mismo las novedades son muy pocas en el mercado. Habrá emprendedores que pensaron en ideas parecidas y/o con aplicaciones parecidas a lo tuyo, pero es importante que no te desanimes, aquí definirás quiénes tuvieron ideas similares a ti.

Definición de propuesta de valor: se puede realizar un ejercicio en el que el emprendedor identifique los beneficios o ventajas competitivas que su producto o servicio ofrece a los clientes, enfocándose en cómo se diferencia de la competencia. Como ya conoces a aquellos con ideas similares y conoces sus características, es momento de definir qué mejoras puedes ofrecer tú para que te escojan a ti. Esto significará que cuentas con la ventaja, verás los servicio y productos lanzados después de las pruebas de error y podrás mejorar lo tuyo para que este sea el que tenga la mejor propuesta.

Segmentación de mercado: un ejercicio práctico consistiría en identificar y analizar los diferentes segmentos de clientes a los que se dirigirá el negocio, considerando características demográficas, geográficas, psicográficas y comportamentales.

Estrategia de marketing: se sugiere realizar un ejercicio en el que se elabore una estrategia de marketing, definiendo los canales de distribución, estrategias de promoción y comunicación, y precios.

Análisis FODA: un ejercicio práctico sería realizar un análisis FODA (Fortalezas, Oportunidades, Debilidades y Amenazas) del negocio, identificando los factores internos y externos que pueden afectar su éxito.

Plan financiero: se puede plantear un ejercicio en el que se desarrollen proyecciones financieras, incluyendo estimaciones de ingresos, costos, gastos y flujo de efectivo para evaluar la viabilidad del negocio. Determina qué te conviene más, si usar ahorros, pedir créditos, o un financiamiento. En México el crédito es caro, ya que los bancos cuentan con el mayor nicho y la mayor probabilidad. Pero lo bueno es que, al tener mayores oportunidades de crecimiento en el país, se abrieron opciones legales de pedir créditos más aterrizados a tu capacidad, aunque estos no sean sólo a través de bancos.

Estructura organizacional: otro ejercicio práctico consistiría en diseñar la estructura organizacional del negocio, incluyendo la definición de roles y responsabilidades, y la planificación de recursos humanos necesarios.

Plan de operaciones: se sugiere realizar un ejercicio en el que se detallen los procesos operativos del negocio, considerando la adquisición de materias primas, producción, distribución y servicio al cliente. Define cuál es tu rol, no intentes hacer de todo en un día, cuál es tu trabajo, cuánto recibes de sueldo y cómo defines al resto. Si eres el único que sabe todo, no podrás delegar tu trabajo y en vez de un emprendimiento tendrás tu propia cárcel de por vida.

Evaluación de riesgos: un ejercicio práctico sería identificar y evaluar los posibles riesgos y obstáculos que el negocio podría enfrentar, como cambios en el mercado, regulaciones gubernamentales o competencia intensa, y desarrollar estrategias e mitigación.

2. Estructura y componentes de un plan de negocios efectivo

Un plan de negocios efectivo debe contener los siguientes elementos clave:

- Resumen ejecutivo: es una introducción atractiva y persuasiva que presenta el negocio y su potencial a inversores y otros posibles interesados.

- Análisis del mercado: describe el mercado objetivo, la competencia, las tendencias del mercado y las oportunidades para el negocio.

- Descripción del negocio: incluye una descripción detallada del negocio, su estructura, su modelo de negocio, el valor que ofrece al cliente y sus objetivos a largo plazo.

- El producto o servicio: proporciona detalles sobre el producto o servicio que ofrecerá la empresa, incluyendo las características, las ventajas y los beneficios que ofrece a los clientes.

- Análisis FODA: analiza las fortalezas, debilidades, oportunidades y amenazas del negocio para ayudar a identificar posibles desafíos.

- Plan de marketing: detalla cómo el negocio planea comercializar y promocionar sus productos y servicios para atraer a los clientes.

- Plan operativo: describe cómo se llevarán a cabo los procesos y operaciones diarias del negocio, cubriendo el personal, la cadena de suministro y la logística.

- Plan financiero: incluye los estados financieros proyectados como el flujo de caja, el balance y la cuenta de resultados para ayudar a los inversores a comprender la viabilidad financiera del negocio.

- Equipo gerencial: describe la estructura de gestión de la empresa y presenta al equipo de liderazgo y sus antecedentes y experiencia.

- Plan de implementación: detalla los tiempos y los pasos necesarios para poner en marcha el negocio y comenzar a operar.

Estos son los componentes que conforman un plan de negocios efectivo y completo que proporciona a los inversionistas y otros posibles interesados una visión clara, detallada y creíble del negocio. Recuerda que, aunque en tu mente se vea muy fácil, si deseas apoyo de alguien, o un socio o un préstamo, el plan de negocios es el documento necesario para que tus ideas lleguen entendiblemente a otros.

3. Redacción y presentación del plan de negocios

La redacción y presentación del plan de negocios es una parte esencial de la creación de un plan efectivo. Aquí hay algunos consejos para redactar y presentar un plan de negocios de manera efectiva:

- Hazlo fácil de leer: utiliza un lenguaje claro y conciso, organiza el plan de negocios en secciones claras y utiliza subtemas y títulos en negrita para destacar la información clave.

- Se creativo: diseña tu plan de negocios de manera visualmente atractiva: incluye gráficos, imágenes y otros elementos visuales para representar tus ideas efectivamente.

- Mantén la atención del lector: comienza con un resumen ejecutivo atractivo y enfocado para captar la atención del lector. Asegúrate de que los objetivos, la misión y los valores de la empresa sean claros desde el inicio.

- Sé realista: es importante que demuestres la factibilidad de tu plan de negocios y proyecciones financieras realistas. Asegúrate de que tus planes sean alcanzables y estén respaldados por datos reales.

- Personaliza el plan de negocios: no todos los planes son iguales, es importante personalizar tu plan para satisfacer las necesidades de tu negocio específico, considera la audiencia a la que va dirigido y adapta el lenguaje y el tono.

- Sé breve y preciso: un plan de negocios efectivo no necesita ser una novela. Sé breve y preciso en tu redacción, céntrate en mostrar los puntos clave. Un plan de negocios ideal no debe tener más de veinticinco páginas.

- Revisa y edita: revisa y edita tu plan de negocios con cuidado para evitar errores gramaticales o problemas de formato. Asegúrate de que tu presentación sea profesional y que la información sea fácil de entender.

Redactar y presentar un plan de negocios bien diseñado y estructurado aumenta las posibilidades de éxito al momento de conseguir financiamiento o inversionistas y, finalmente, para conseguir que tu negocio sea exitoso.

V

Financiación del negocio

La financiación es crucial para el éxito de cualquier negocio, especialmente para las startups o emprendimientos. Determina por qué tu financiamiento es esencial para tu emprendimiento.

1. Lanzamiento inicial del negocio: muchos emprendedores no tienen suficientes recursos financieros para lanzar su negocio por sí solos, por lo que la obtención de financiamiento es necesaria para pagar los costos iniciales y la puesta en marcha.

2. Crecimiento del negocio: una vez que el negocio está en marcha, se necesita financiación para la expansión, mejorar la calidad de los productos o servicios, aumentar la producción y alcanzar el mercado.

3. Contratación de personal: los negocios necesitan personas para llevar a cabo su operación diaria. La financiación adecuada hace posible la contratación del personal necesario y capacitado.

4. Adquisición de equipos y suministros: la financiación es necesaria para comprar equipos, maquinarias, computadoras y herramientas para la producción o el servicio que se ofrece, además de adquirir los insumos necesarios para la operación.

5. Investigación y desarrollo: es importante seguir investigando nuevas tendencias, innovando y desarrollando productos y servicios. La financiación puede ayudar a financiar proyectos de investigación y desarrollo para el crecimiento del negocio.

6. Manejo del flujo de caja: las empresas necesitan suficiente flujo de caja para cubrir sus gastos y pagar a los proveedores, empleados y socios. Una financiación adecuada ayuda

a manejar el flujo de caja y a controlar los gastos del negocio. Un negocio bien financiado tendrá más capacidad de innovación, expansión y supervivencia ante las fluctuaciones del mercado. Y recuerda que una financiación la deberás considerar una deuda buena, ya que te ayudará a establecerte y a empezar a tener una estabilidad empresarial, que sin falta debe pagarse.

1. Recursos financieros disponibles

Estos son algunos de los recursos financieros disponibles en México actualmente. En el futuro puede haber cambios y nuevos recursos disponibles para emprendedores, startups y empresas. Es importante mantenerse informado y buscar la opción más adecuadas para el financiamiento de cada negocio.

Bancos e Instituciones de Crédito: los bancos y las instituciones financieras ofrecen una variedad de herramientas de financiamiento, tales como préstamos, créditos y líneas de crédito, entre otros. Recuerda que los bancos consideran los créditos como caros, y al no pagar corres riesgos más altos.

Inversionistas Ángeles: son inversores privados que ofrecen capital a cambio de una participación accionaria en una empresa. Lo que puedes definir como accionistas honorarios, te darán dinero, tendrán utilidades pero cero peso en la toma de decisiones.

Incubadoras y Aceleradoras: son organizaciones que ofrecen financiamiento, asistencia técnica y servicios de apoyo a emprendedores y startups. Si cuentas con alguna universidad o conocimiento de una entidad de gobierno, apóyate en ellos para aspectos técnicos, pero no esperes que resuelvan todos tus problemas.

Fondo Nacional Emprendedor: es un programa del gobierno mexicano que ofrece financiamiento, asesoramiento y capacitación a los emprendedores y las pequeñas y medianas empresas. Te apoyarán, pero la cualidad del apoyo puede variar de acuerdo al presidente que gobierne y la situación real del país.

Sociedades de Capital Riesgo: son firmas de inversión que se enfocan en invertir en empresas con alto potencial de crecimiento, ofreciendo su capital y experiencia en su gestión. Son recomendables ya que pase el periodo de crecimiento inicial de tres a cinco años.

Asociaciones de Crédito: estas son organizaciones de crédito que se enfocan en servicios financieros para pequeñas y medianas empresas y construcción crediticia. De este tipo hay privadas y bancarias. Si eres un emprendedor joven, procura utilizar sólo las privadas para que tengas tasas menores.

Crowdfunding: es un modelo de financiamiento colectivo donde un gran número de personas invierten en un proyecto o empresa. Es una nueva opción, no existe contacto con ellos y los beneficios son buenos, pero investiga correctamente la legislación en el momento de tu emprendimiento por si existen reglas específicas para tu emprendimiento.

Export-Import Bank of Mexico: es una institución financiera gubernamental que ofrece financiamiento para empresas mexicanas que realizan negocios en el extranjero.

2. Elaboración de proyecciones financieras

Las proyecciones financieras son un componente esencial de cualquier plan de negocios, ya que permiten estimar los ingresos, costos, ganancias y flujo de caja en diferentes escenarios.

Aquí hay algunos pasos que se pueden seguir para elaborar proyecciones financieras para un negocio:

1. Identifica los objetivos financieros: es importante tener claridad sobre las metas financieras del negocio, definir qué se quiere lograr en términos de ingresos, margen de beneficio y flujo de caja.

2. Realiza un análisis financiero: haz un análisis detallado de los estados financieros actuales del negocio, incluyendo estados financieros, balances, cuentas por pagar y otros estados financieros que puedan ser relevantes para el negocio.

3. Identifica los ingresos esperados: determina cuáles son las diferentes líneas de ingresos y cómo se espera que éstas evolucionen en el tiempo. Esto se puede hacer a través de investigaciones de mercado y análisis de la evolución del mercado y la competencia.

4. Estima los costos: calcula los costos de producción, salarios, gastos generales, impuestos y cualquier otro costo asociado al negocio. Asegúrate de incluir los costos fijos y los variables.

5. Calcula el flujo de caja: utilizando los ingresos y costos que estimaste anteriormente, calcula el flujo de caja esperado para el negocio. Asegúrate de hacer ajustes por cualquier coste extraordinario o ingreso por venta de activos.

6. Desarrolla escenarios de proyección: crea diferentes escenarios de proyección para prever cómo impactaría en el negocio un aumento o disminución en las ventas o en los precios. Realiza un análisis de sensibilidad para evaluar los riesgos y oportunidades de cada escenario proyectado.

7. Revisa y ajusta: al final tenemos una proyección financiera, es necesario compararla con los estándares del sector, revisar los datos y realizar los ajustes necesarios en base a la realidad del mercado. Es importante tener en cuenta que las proyecciones financieras son sólo estimaciones y siempre habrá algunas cosas que pueden cambiar en el futuro. Sin embargo, son una herramienta necesaria para ayudarte a planificar y tomar decisiones basadas en datos sólidos.

Algunas herramientas comunes y útiles para la elaboración de proyecciones financieras son:

- Hojas de cálculo como Excel: Excel es una herramienta comúnmente utilizada para hacer hojas de cálculo. Es una herramienta flexible y versátil que permite crear modelos financieros, realizar análisis de sensibilidad y calcular proyecciones financieras.

- Softwares especializados en modelación financiera: existen diversas soluciones especializadas en modelación financiera, como Cubepro, Oracle Hyperion, Adaptive Insights, que ofrecen herramientas de planificación y análisis financiero.

- Contabilidad y finanzas en línea: hay soluciones en línea como Quickbooks, Zoho Books, que ofrecen herramientas contables para los emprendedores y las pequeñas empresas, incluyendo posibilidad de facturación, análisis financiero y otras características útiles.

- Plantillas de hojas de cálculo y modelos financieros: en la web es posible encontrar diferentes plantillas y modelos para uso de hojas de cálculo, generalmente diseñados específicamente para hacer proyecciones financieras y analizar escenarios financieros.

- Consultores financieros: los consultores financieros son expertos en finanzas y pueden ayudar en la elaboración de proyecciones financieras, ayudar en los cálculos, sugerir herramientas adecuadas, hacer análisis y estudios especiales, entre otras soluciones que se adapten a las necesidades del negocio.

Cada herramienta presenta tanto ventajas como desventajas. Es importante seleccionar la herramienta que se adapte mejor a las necesidades de la empresa y a las capacidades del equipo encargado de hacer la modelación financiera.

A continuación se presentan algunas ventajas y desventajas de los ejemplos dados de herramientas para la elaboración de proyecciones financieras.

1. Hojas de cálculo como Excel

Ventajas:

- Flexible y versátil
- Permite crear modelos financieros y realizar análisis de sensibilidad
- Fácil de usar y de entender

Desventajas:

- Puede no ser la mejor herramienta si los datos son muy grandes y complejos

- Puede ser susceptible a errores si la hoja de cálculo no es mantenida adecuadamente.

- Si el usuario no está familiarizado con el software, puede ser difícil de usar.

2. Softwares especializados en modelación financiera

Ventajas:

- Estas herramientas están específicamente diseñadas para modelamiento y análisis financiero
- Pueden trabajar con datos más grandes que las hojas de cálculo
- Pueden automatizar algunas tareas que consumen mucho tiempo

Desventajas:

- Son costosos
- Pueden requerir tiempo y recursos extensos para la implementación
- Pueden ser más complejos de implementar y utilizar que las hojas de cálculo

3. Contabilidad y finanzas en línea

Ventajas:

- Ofrecen una variedad de servicios financieros, incluyendo facturación, análisis financiero y otros servicios de valor agregado en línea

- Permite el acceso a información actualizada en tiempo real

Desventajas:

- Pueden ser costosas para empresas más pequeñas con un presupuesto limitado
- La privacidad y seguridad de los datos pueden ser una preocupación

4. Plantillas de hojas de cálculo y modelos financieros

Ventajas:

- Una solución de bajo costo
- Se pueden personalizar para adaptarse a las necesidades específicas del negocio

Desventajas:

- Es posible que no contengan todas las funciones necesarias para la proyección financiera requerida
- Puede requerir algunos conocimientos técnicos para editar y usar adecuadamente

5. Consultores financieros

Ventajas:

- Experiencia y conocimiento especializado: los consultores financieros tienen conocimientos y experiencia especializados en la elaboración de proyecciones financieras, lo que les permite brindar una visión objetiva y experta del negocio.

- Mayor eficiencia: los consultores financieros pueden brindar servicios de manera profesional, liberando al equipo encargado de la tarea de la elaboración de proyecciones financieras que puedan enfocarse en otras tareas.

- Ahorro de tiempo: los consultores financieros pueden completar la tarea de elaborar proyecciones financieras más rápidamente al tener la experiencia y habilidades necesarias.

- Análisis detallado: los consultores financieros tienen la capacidad de analizar los datos financieros de una manera más profunda, lo que permite una identificación más precisa de tendencias, ratios y otros factores relevantes para el negocio.

Desventajas:

- Costo: la contratación de consultores financieros puede ser costoso y no es una solución a largo plazo para la empresa.

- Separación del negocio: los consultores financieros pueden no estar familiarizados a detalle con el negocio particular, lo que puede resultar en la falta de conexión con el personal de la empresa.

- Elaboración de proyecciones no actualizadas: si el personal de la empresa no recibe instrucción suficiente por parte del consultor, puede ser difícil actualizar y mantener las proyecciones financieras en el futuro.

- Los propietarios del negocio pueden perder control: al contratar externos, puede existir la sensación de pérdida de control sobre el proyecto.

Es importante considerar las necesidades específicas del negocio y las capacidades del equipo responsable de la elaboración de proyecciones financieras antes de seleccionar una herramienta adecuada.

3. Ejercicios prácticos

1. Identificar fuentes de financiamiento: Investiga y enumera diferentes opciones de financiamiento disponibles para empresas, como préstamos bancarios, inversores ángeles, crowdfunding, subvenciones gubernamentales, entre otros.

2. Elaborar un plan financiero: Crea un ejercicio en el que definas los ingresos proyectados, los gastos estimados y el flujo de efectivo para al menos los primeros 12 meses de operación de tu negocio. Considera también cómo se financiarán los gastos iniciales.

3. Evaluar necesidades de capital: Realiza un ejercicio práctico en el que identifiques cuánto capital necesitarás para iniciar o expandir tu negocio. Determina si necesitarás financiamiento externo y en qué cantidad.

4. Analizar viabilidad financiera: Realiza un análisis para determinar si tus proyecciones financieras son realistas y si tu negocio generará suficientes ingresos para cubrir los gastos y pagar las deudas. Considera diferentes escenarios y variables para evaluar la solidez financiera de tu negocio.

5. Investigar programas de apoyo gubernamental: Investiga programas de financiamiento y apoyo gubernamental dirigidos a emprendedores y empresas en tu área. Realiza un ejercicio en el que identifiques los requisitos y beneficios de estos programas.

6. Preparar un pitch de financiamiento: Elabora un ejercicio en el que prepares un discurso persuasivo para presentar a posibles inversores o prestamistas. Destaca la propuesta de valor de tu negocio y cómo su financiamiento contribuirá a su crecimiento y rentabilidad.

7. Analizar estructura de capital óptima: Realiza un ejercicio para determinar cuál es la estructura de capital óptima para tu negocio, considerando la combinación de financiamiento deuda y capital propio. Evalúa los riesgos y beneficios asociados a cada opción.

8. Investigar incentivos fiscales: Investiga si existen incentivos fiscales u otros beneficios disponibles para empresas en tu industria o región. Crea un ejercicio en el que identifiques y calcules el impacto de estos incentivos en tus finanzas.

9. Evaluación de riesgos financieros: Realiza un ejercicio práctico para identificar los posibles riesgos

financieros que tu negocio podría enfrentar, como fluctuaciones económicas, cambios regulatorios o falta de liquidez. Desarrolla estrategias para mitigar estos riesgos.

10. Establecer un presupuesto: Crea un ejercicio en el que establezcas un presupuesto detallado para tu negocio, asignando fondos a diferentes áreas y actividades. Realiza un seguimiento constante de los gastos para asegurarte de que se mantengan dentro de los límites establecidos.

Estos ejercicios te ayudarán a comprender y abordar los aspectos financieros fundamentales de tu negocio, ofreciéndote una base sólida para asegurar la viabilidad y sostenibilidad financiera de tu empresa. Recuerda que consultar con un asesor financiero profesional también puede ser muy útil en este proceso. No existen preguntas o dudas tontas, aprende a asesorarte correctamente para que tengas todo a tu alcance. Y cometer errores no es malo, forma parte del aprendizaje.

VI

Puesta en marcha de la empresa

La puesta en marcha de una empresa o emprendimiento implica una serie de pasos para asegurarse de que la empresa tenga una base sólida desde el principio. A continuación, se describen algunos de los pasos clave a seguir para poner en marcha un emprendimiento o empresa:

1. Elaboración del plan de negocios: El primer paso es elaborar un plan de negocios que incluya un análisis de mercado, un análisis de la competencia, una descripción del negocio y un plan financiero. El plan debe ser realista y detallado.

2. Investigación de mercado: Es importante realizar una investigación de mercado para determinar si existe un mercado para los productos o servicios ofrecidos. Debe identificar los segmentos de mercado, las necesidades del mercado y la competencia.

3. Registro de la empresa: Para establecer una empresa, hay que obtener todos los permisos legales y cumplir con los requisitos de registro, impuestos, y permisos según la legislación del país donde se establecerá.

4. Financiamiento: Es importante tener en cuenta, que antes de comenzar la operación de la empresa, debe contar con el financiamiento necesario para cubrir los costos iniciales. Este financiamiento puede provenir de diversas fuentes, como préstamos bancarios, inversión de capital y financiamiento de ángeles, entre otros.

5. Localización y equipo: Es necesario elegir un lugar para establecer la empresa, considerando el costo del alquiler, la accesibilidad y la conveniencia del área para el negocio. Además, es necesario identificar los requerimientos de equipo, materiales y suministros necesarios para la operación del negocio.

6. Contratación de personal y proveedores: Es importante contar con un equipo de profesionales capacitados y proveedores confiables para el abastecimiento de materiales o servicios necesarios para el negocio.

7. Lanzamiento de la empresa: El lanzamiento de la empresa implica la implementación del plan de negocios y la puesta en marcha de la estrategia de marketing y ventas planificada.

8. Monitoreo y ajuste: Una vez en funcionamiento la empresa es importante realizar un monitoreo constante de los

1. Elección de la estructura legal

La elección de la estructura legal en un emprendimiento se refiere al tipo de entidad legal que se crea para la empresa. La elección de la estructura legal es importante porque puede afectar aspectos como la responsabilidad legal de los fundadores, los impuestos a pagar, la financiación y la propiedad.

Existen múltiples opciones para elegir la estructura legal de un emprendimiento, entre las más comunes se encuentran:

1. Empresario Individual (EI): Es una opción para una sola persona que desean iniciar un

negocio sin socios y se basa en la responsabilidad personal ilimitada del fundador.

2. Sociedad: Un acuerdo contractual entre dos o más personas para establecer un negocio juntos, con responsabilidad compartida y un nivel de riesgo más bajo para cada uno de los socios.

3. Sociedad Limitada (SL): Es una estructura que permite la responsabilidad limitada para los socios, lo que significa que el riesgo máximo de los socios se limita al capital aportado.

4. Sociedad Anónima (SA): Es una estructura legal para grandes empresas con múltiples accionistas; permite la propiedad y la transferencia de acciones que dan el derecho a votar y recibir dividendos.

5. Empresa de Capital Compartido (ECC): Es una estructura legal que requiere la participación de varios inversores que buscan financiar y participar en el negocio sin tener una responsabilidad limitada.

La elección de la estructura legal depende del tipo de emprendimiento que se desea crear, el plan de negocio, el tamaño, la ubicación y la visión de los fundadores. Es importante considerar los potenciales riesgos, beneficios y obligaciones que tendrán los fundadores y socios de cada estructura legal al tomar una decisión.

A continuación, se presentan algunos ejemplos de cada elección de estructura legal en un emprendimiento aplicado a la legislación mexicana:

1. Empresario Individual (EI): Un ejemplo de un empresario individual en México sería alguien que está iniciando un negocio por su cuenta, tal como una empresa de consultoría o un servicio de gastronomía como el puesto de comida ambulante.

En México, existen tres tipos de Empresario Individual:

2. Empresario Individual, Persona Física (EIPF): Es una persona que decide iniciar una actividad empresarial por cuenta propia y sin constituir una sociedad. Este tipo de empresario es responsable tanto de las ganancias como de las pérdidas, y su responsabilidad es ilimitada, es decir, responde con todo su patrimonio personal ante las deudas o pérdidas de la empresa. Este tipo de empresario debe realizar todos los trámites administrativos y fiscales necesarios para el funcionamiento de su empresa.

Ventajas de ser un Empresario Individual Persona Física (EIPF) en México:

- Flexibilidad: Los EIPF tienen la libertad de tomar sus propias decisiones y dirigir sus negocios de la manera que consideren más adecuada.

- Control total: Los EIPF tienen control total sobre sus negocios, lo que les permite adaptarse rápidamente a los cambios del mercado y tomar decisiones en tiempo real.

- Bajos costos de gestión: En la mayoría de los casos, los EIPF no necesitan un gran equipo administrativo, lo que reduce los costos generales del negocio.

- Privacidad: Los EIPF no tienen que revelar información comercial o financiera a otros miembros de una sociedad.

Desventajas de ser un Empresario Individual Persona Física (EIPF) en México:

- Responsabilidad ilimitada: Los EIPF son responsables de todas las deudas y obligaciones financieras de su negocio, lo que significa que su patrimonio personal puede estar en riesgo.

- Dificultades financieras: Los EIPF pueden tener dificultades para obtener financiamiento a largo plazo debido a su falta de historial crediticio o garantías para respaldar sus préstamos.

- Carga administrativa: Los EIPF tienen que manejar todas las tareas administrativas de su negocio, lo que puede ser abrumador, especialmente para los empresarios con menos experiencia.-Soledad: Los EIPF trabajan solos y pueden experimentar una falta de apoyo si no tienen una red de contactos empresariales confiable.

En conclusión, ser un Empresario Individual Persona Física (EIPF) en México tiene tanto ventajas como desventajas, y es importante considerar estas ventajas y desventajas antes de tomar la decisión de iniciar un negocio como EIPF.

3. Régimen de Incorporación Fiscal (RIF): Es un régimen fiscal creado por el Gobierno mexicano para incentivar a los pequeños empresarios a formalizar sus actividades. Este régimen aplica para empresarios

individuales cuyos ingresos anuales no superen los 4 millones de pesos y que hayan iniciado actividades en los últimos 12 meses. En el RIF, los empresarios pagan impuestos con una tasa reducida y simplificada, y reciben algunos beneficios como descuentos en el pago de contribuciones, acceso a créditos, entre otros. Este tipo de empresario debe registrarse ante el Servicio de Administración Tributaria (SAT) y cumplir con ciertos requisitos fiscales y administrativos.

En México, el Régimen de Incorporación Fiscal (RIF) puede ser utilizado por los empresarios individuales cuyos ingresos anuales no superen los 2 millones de pesos y que lleven una contabilidad electrónica de sus ingresos y gastos de manera formal. Este régimen permite a los empresarios individuales pagar impuestos con una tasa reducida y simplificada, recibir algunos beneficios y reducir su carga fiscal.

El RIF es un régimen opcional, por lo que los empresarios individuales pueden quedarse en él siempre y cuando cumplan con los requisitos mencionados anteriormente. En caso de que un empresario del RIF supere los límites de ingresos anuales permitidos o decida voluntariamente cambiar al Régimen General de Ley, deberá realizar el registro correspondiente, pero antes de hacerlo deberá de revisar que toda su información se encuentre actualizada.

Por lo tanto, el RIF no tiene una fecha de finalización pero actualmente ya no permite nuevos contribuyentes en el régimen.

Las ventajas de ser un empresario en el Régimen de Incorporación Fiscal (RIF) en México son:

- Tasas impositivas reducidas: Los empresarios que se encuentran en el RIF gozan de tasas impositivas reducidas, lo que les permite mantener una carga fiscal baja y un flujo de efectivo positivo.

- Acceso a créditos: Los empresarios que se encuentran en el RIF pueden acceder a créditos que normalmente no estarían disponibles para ellos debido a la falta de historial crediticio o de garantías.

- Procedimientos administrativos simplificados: El RIF tiene un sistema fiscal y administrativo simplificado, lo que reduce el número de obligaciones administrativas y fiscales que los empresarios deben cumplir.

- Posibilidad de otorgar comprobantes fiscales reducidos: Los empresarios que se encuentran en el RIF pueden otorgar comprobantes fiscales reducidos, es decir, recibos más simples que contienen menos detalles que un comprobante fiscal regular.

- Menos restricciones: Los empresarios del RIF tienen menos restricciones para su actividad empresarial en comparación con otros regímenes fiscales.

En resumen, el Régimen de Incorporación Fiscal (RIF) en México ofrece una serie de ventajas para los pequeños empresarios, incluyendo tasas impositivas reducidas, acceso a créditos, procedimientos administrativos simplificados, la posibilidad de otorgar comprobantes fiscales reducidos y menos restricciones para su actividad empresarial.

4. El Régimen Simplificado de Confianza fue creado para facilitar el cumplimiento de obligaciones fiscales y reducir la carga administrativa de los pequeños contribuyentes. Este régimen se implementó en 2011 y su objetivo principal es la simplificación de los procedimientos fiscales para

los empresarios individuales o sociedades civiles que cumplan con ciertos requisitos específicos.

Para ser considerado como contribuyente del Régimen Simplificado de Confianza, el empresario individual o la sociedad civil debe cumplir con los siguientes requisitos:

- Percibir ingresos totales anuales de hasta 6 millones de pesos.
- No tener más de 10 empleados registrados en el IMSS.
- No contar con más de tres establecimientos por razón social.
- Realizar la mayoría de sus operaciones comerciales con el público en general o con personas físicas, y no con otras empresas.
- No ser parte de grupos empresariales.

Los contribuyentes que cumplen con estos requisitos tienen derecho a beneficiarse de un esquema fiscal sencillo, con requisitos de comprobación simplificados y una disminución en el número de declaraciones fiscales que deben presentarse, lo que se traduce en ahorros considerables en términos de tiempo y costos administrativos.

En resumen, el Régimen Simplificado de Confianza es una opción disponible para los pequeños empresarios que buscan reducir su carga fiscal y simplificar sus trámites fiscales.

Las ventajas de ser un empresario en el Régimen Simplificado de Confianza en México son:

- Tasa impositiva reducida: Las empresas que se encuentran en el Régimen Simplificado de Confianza en México tienen una tasa fiscal reducida, lo que les permite mantener una carga fiscal baja y un flujo de efectivo positivo.

- Requisitos de cumplimiento simplificados: Las empresas en este régimen tienen requisitos de cumplimiento simplificados, por lo que se reduce el número de obligaciones fiscales y administrativas que deben cumplir.

- Exención de impuestos: En algunos casos, las empresas en este régimen pueden ser exentas de ciertos impuestos, lo que les permite reducir aún más sus cargas fiscales.

- Menos restricciones: Las empresas en este régimen tienen menos restricciones para su actividad empresarial en comparación con otros regímenes fiscales.

- Acceso a programas gubernamentales: Las empresas en este régimen pueden acceder a programas gubernamentales diseñados para apoyar a las pequeñas empresas, lo que les permite obtener beneficios adicionales y aumentar su crecimiento.

En resumen, el Régimen Simplificado de Confianza en México ofrece una serie de ventajas para las empresas, como tasas impositivas reducidas, requisitos de cumplimiento simplificados, exención de impuestos, menos restricciones a la actividad empresarial y acceso a programas gubernamentales que pueden ayudar a impulsar su crecimiento.

5. Sociedad: Un ejemplo de sociedad en México podría ser el establecimiento de una empresa entre dos socios con actividades compartidas, como la creación y venta de productos alimenticios orgánicos, creación de software, etc.

En México, existen diferentes tipos de sociedades que pueden ser clasificadas en dos grupos principales: sociedades de personas y sociedades de capital, cada una con características y requisitos legales diferentes.

Sociedades de Personas:

- Sociedad en Nombre Colectivo (SNC): Esta sociedad se compone de dos o más socios que asumen responsabilidad ilimitada y solidaria por las obligaciones de la sociedad. La participación de cada socio se expresa en partes iguales y se requiere de un contrato social para su creación.

- Sociedad en Comandita Simple (SCS): Esta sociedad se compone de dos categorías de socios: los comanditados, que tienen responsabilidad ilimitada y solidaria, y los comanditarios, que tienen responsabilidad limitada al capital que hayan aportado. Se requiere un contrato social para su creación.

- Sociedad Cooperativa (SC): Una sociedad de personas en la que los socios, todos ellos propietarios, operan juntos para obtener beneficios y compartirlos en función de su participación en la sociedad. Los socios tienen responsabilidad limitada al capital que han aportado. Se requiere conformar un acta constitutiva para su creación.

Sociedades de Capital:

- Sociedad Anónima (SA): Esta sociedad se compone de dos o más accionistas que aportan capital, pero no están obligados a participar en la gestión de la sociedad. La responsabilidad de los accionistas está limitada al capital que hayan aportado. Se requiere de un estatuto social para su creación.

- Sociedad de Responsabilidad Limitada (SRL): Esta sociedad se compone de dos o más socios que aportan capital y tienen responsabilidad limitada al capital que hayan aportado. Los socios pueden participar en la gestión de la sociedad. Se requiere de un contrato social para su creación.

- Sociedad Limitada (SL): Un ejemplo de SL podría ser una empresa mexicana de servicios financieros o un negocio de construcción que busca limitar la responsabilidad legal de los socios en caso de problemas.

- Sociedad por Acciones Simplificada (SAS): Una sociedad de capital recién creada destinada a las pymes (personas físicas que además de pagar impuestos se dedican a actividades empresariales) que buscan una forma fácil y accesible de incorporarse legalmente. Se compone de uno o más accionistas que tienen una responsabilidad limitada al capital social de la sociedad. Se requiere un acta constitutiva para su creación.

- Empresa de Capital Compartido (ECC): Un ejemplo de una ECC podría ser una compañía minera que requiere una cantidad significativa de financiamiento y competencias técnicas adicionales para iniciar un nuevo proyecto minero.

Sociedades Financieras

- Sociedades Financieras de Objeto Múltiple (SOFOM): Son instituciones financieras no bancarias que pueden ofrecer diversos servicios financieros, como créditos, arrendamiento financiero, factoraje, entre otros. Están reguladas por la Comisión Nacional Bancaria y de Valores (CNBV) y deben cumplir con ciertos requisitos para obtener su autorización. Dentro de las SOFOM, existen dos tipos: SOFOM ENR (Entidades No Reguladas) y SOFOM E.N.R. (Entidades Reguladas).

- Sociedades Anónimas Promotoras de Inversión (SAPI). En México, existen diferentes tipos de Sociedades Anónimas Promotoras de Inversión (SAPI), cada una con características y funciones específicas. A continuación, se detalla la clasificación y explicación de cada una de ellas:

- SAPI de Capital Variable: Son sociedades que permiten que el capital social pueda aumentar o disminuir de acuerdo con las necesidades de la empresa. Esto significa que, en caso de que la empresa requiera más capital, puede emitir nuevas acciones para obtenerlo y, en caso contrario, puede reducir la cantidad de acciones en circulación para ajustar el capital social.

- SAPI de Propósito Específico (SAPI-PE): Son sociedades creadas con un objetivo específico, como la realización de un proyecto o la adquisición de un activo determinado. Una vez que se logra el objetivo para el que se creó la sociedad, la misma puede disolverse.

- SAPI de Responsabilidad Limitada (SAPI de RL): Son sociedades que delimitan la responsabilidad de los accionistas. En este tipo de sociedad, los accionistas únicamente están obligados a responder por las acciones que hayan adquirido y no por las obligaciones de la sociedad en su totalidad.

- SAPI de Acciones Serie: Son sociedades que permiten la emisión de diferentes series de acciones con características y derechos específicos para los accionistas, como el derecho a voto o el derecho a recibir ciertas cantidades de dividendos.

- Sociedades Financieras Populares (SOFIPOS): Son instituciones financieras no bancarias, cuyo objetivo es brindar servicios financieros a sectores de población con bajos recursos económicos y/o poca accesibilidad a servicios bancarios. Ofrecen créditos y otros servicios financieros a través de sucursales o cooperativas. Están reguladas por la Comisión Nacional Bancaria y de Valores (CNBV) y la Secretaría de Hacienda y Crédito Público (SHCP).

- Sociedades de Ahorro y Préstamo (SAP): Son instituciones financieras no bancarias dedicadas a captar ahorros de la población y otorgar créditos. Entre sus funciones también se encuentra ofrecer servicios de arrendamiento financiero y factoraje. Están reguladas por la Comisión Nacional Bancaria y de Valores (CNBV) y la Secretaría de Hacienda y Crédito Público (SHCP).

- Uniones de Crédito: Son instituciones financieras no bancarias que ofrecen principalmente servicios de créditos a sectores específicos de la población, como pequeñas y medianas empresas, organizaciones y/o trabajadores de ciertas industrias. Están reguladas por la Comisión Nacional Bancaria y de Valores (CNBV) y la Secretaría de Hacienda y Crédito Público (SHCP).

- Casas de Cambio: Son instituciones financieras que se dedican a la compra y venta de divisas extranjeras. Con el fin de prevenir actividades ilícitas, están reguladas y supervisadas por la Secretaría de Hacienda y Crédito Público (SHCP).

En conclusión, cada una de las Sociedades Financieras en México está diseñada para atender necesidades específicas de los diversos sectores de la población. A través de ellas se brinda acceso a servicios financieros y se contribuye al desarrollo económico del país.

Las sociedades de personas se componen de dos o más socios que tienen diferentes grados de responsabilidad, mientras que las sociedades de capital se componen de accionistas que proporcionan capital y tienen una responsabilidad limitada. Todos estos tipos de sociedades tienen sus propias características, requisitos legales y formas de organización, las cuales deben ser considerados por quienes deseen crear una sociedad en México.

Las ventajas y desventajas de cada una de las sociedades en México son:

Sociedad en Nombre Colectivo (SNC)

Ventajas:

- Flexibilidad en la estructura de gestión y participación de los socios
- Alto grado de confianza y transparencia entre los socios
- Permite tomar decisiones de manera rápida

Desventajas:

- La responsabilidad ilimitada de los socios puede exponer su patrimonio personal.
- Dificultad para atraer nuevos socios, ya que su participación directa en la administración es necesaria
- Dificultad para obtener crédito, ya que los bancos ven como un riesgo la responsabilidad ilimitada de los socios

Sociedad en Comandita Simple (SCS)

Ventajas:

- Permite a los comanditarios invertir en una sociedad sin asumir responsabilidad directa en la gestión.
- Facilita la incorporación de nuevos socios al existir dos categorías diferentes de socios
- Mayor capacidad de obtener capital, ya que los comanditarios tienden a invertir más debido a su responsabilidad limitada

Desventajas:

- Los comanditados son responsables ilimitados ante las deudas y obligaciones de la sociedad
- Dificultad para tomar decisiones de manera rápida, ya que la gestión por parte de los comanditados está limitada por el capital aportado

Sociedad Cooperativa (SC)

Ventajas:

- El objetivo principal de las cooperativas es el beneficio de sus propios miembros, por lo que es común que exista una mayor lealtad y compromiso por parte de los socios

- Permite la incorporación de nuevos socios con facilidad
- Se pueden obtener beneficios y subvenciones estatales para cooperativas

Desventajas:

- Mayor dificultad para obtener capital desde el exterior
- Al existir una gestión democrática y compartida, la toma de decisiones es más lenta y puede generar conflictos
- Hay una complejidad en la administración de la cooperativa debido a las diversas actividades económicas en las que puede participar

Sociedad Anónima (SA)

Ventajas:

- Se pueden atraer a inversionistas que no quieren participar en la gestión de la empresa

- Los accionistas tienen una responsabilidad limitada y no están expuestos a la pérdida de patrimonio personal

- Facilidad para obtener capital y créditos, gracias a su estructura y reconocimiento legal

Desventajas:

- Mayor costo administrativo y legal en su constitución y mantenimiento

- La concentración de poder en la Junta de Accionistas o Consejo de Administración puede generar conflictos de intereses

- Falta de transparencia en la gestión, ya que los accionistas no tienen una participación

Sociedad de Responsabilidad Limitada (SRL)

Ventajas:

- La responsabilidad está limitada al capital aportado lo que evita poner en riesgo el patrimonio personal de los socios

- Facilidad para obtener capital gracias a la facilidad de crear nuevas acciones

- Mayor flexibilidad en su estructura y gestión

Desventajas:

- La estructura de la empresa puede presentar desafíos en la toma de decisiones, especialmente ante conflictos entre los socios
- El proceso de liquidación y disolución de la sociedad es más complicado y costoso que en empresas unipersonales
- Limitaciones para la incorporación de nuevos socios, ya que puede haber complicaciones en la cesión de cuotas sociales

Sociedad por Acciones Simplificada (SAS)

Ventajas:

- Proceso simplificado en su constitución y mantenimiento
- Responsabilidad limitada de los miembros, lo que protege su patrimonio
- Mayor flexibilidad en la emisión o transferencia de acciones

Desventajas:

- Limitaciones en cuanto a atraer inversiones, ya que no pueden ofrecer ofertas públicas de valores
- Limitaciones en cuanto a la cantidad máxima de accionistas
- Limitación en cuanto a su objeto y actividades permitidas

Sociedades Financieras de Objeto Múltiple (SOFOM)

Ventajas:

- Pueden ofrecer diversos servicios financieros a sus clientes, lo que les brinda una amplia gama de opciones y flexibilidad
- No están sujetas a las mismas regulaciones que los bancos, lo que les permite operar con menor restricción y, en algunos casos, ofrecer tasas de interés más competitivas
- No requieren de un alto capital inicial para su creación

Desventajas:

- Aunque están sujetas a regulaciones de la CNBV, algunas SOFOM pueden incurrir en prácticas desleales o fraudulentas

- Los servicios financieros que ofrecen pueden ser caros y confusos para los clientes debido a la gran cantidad y la complejidad de los productos financieros que ofrecen

- Pueden tener menos estabilidad que los bancos debido a su menor capitalización

Sociedades Financieras Populares (SOFIPOS)

Ventajas:

- Ofrecen servicios financieros a personas con bajos recursos económicos y poca accesibilidad a servicios bancarios

- Son reguladas por la CNBV y la SHCP, lo que las hace más confiables y seguras que las instituciones financieras no reguladas

- Pueden funcionar como cooperativas, lo que les permite fomentar el espíritu comunitario y la participación de los miembros

Desventajas:

- Los servicios financieros que ofrecen pueden ser limitados y no ser adecuados para empresas o individuos que buscan soluciones más sofisticadas

- Dependiendo de su gestión, pueden tener problemas de solvencia o liquidez, lo que puede generar problemas para los depositantes

- No están autorizados para ofrecer servicios de banca múltiple, lo que les restringe en la cantidad de servicios que pueden ofrecer

Sociedades de Ahorro y Préstamo (SAP)

Ventajas:

- Pueden ofrecer tasas de interés más competitivas que las ofrecidas por los bancos

- Son reguladas por la CNBV y la SHCP, lo que las hace más confiables y seguras que las instituciones financieras no reguladas

- Ofrecen servicios financieros a pequeñas empresas y personas que no califican para préstamos bancarios

Desventajas:

- No están autorizadas para ofrecer servicios de banca múltiple, lo que les restringe en la cantidad de servicios que pueden ofrecer

- No pueden captar recursos a través de cuentas de cheques o depósitos a la vista para el público en general, lo que limita su base de clientes

- Aunque cuentan con regulaciones, pueden incurrir en prácticas ilícitas o engañosas

Uniones de Crédito

Ventajas:

- Ofrecen servicios financieros especializados a sectores específicos de la población, como pequeñas y medianas empresas o trabajadores de ciertas industrias

- Son regulados por la CNBV y la SHCP, lo que las hace más confiables y seguras que las instituciones financieras no reguladas

- Pueden ofrecer tasas de interés más competitivas que las ofrecidas por los bancos

Desventajas:

- No están autorizadas para ofrecer servicios de banca múltiple, lo que les restringe en la cantidad de servicios que pueden ofrecer
- Su base de clientes puede ser limitada, lo que puede hacer que tengan dificultades para captar y mantener clientes a largo plazo
- Pueden incurrir en problemas de solvencia o liquidez debido a un manejo inadecuado de sus recursos financieros

Las Sociedades Anónimas Promotoras de Inversión (SAPI)

Ventajas:

1. Acceso a capital privado: las SAPI permiten a las empresas acceder a financiamiento de inversores privados, lo cual es una opción atractiva para aquellas compañías que no tienen acceso a financiamiento tradicional o que buscan una opción de financiamiento alternativa.
2. Flexibilidad en la estructuración: las SAPI ofrecen una gran flexibilidad en cuanto a la estructura, lo que permite a los accionistas

diseñar un esquema de inversión que se adapte a sus necesidades.

3. Participación en la gestión: los inversionistas de una SAPI pueden tener derecho a la participación en la gestión de la empresa, lo cual puede resultar en una mayor cercanía y conocimiento de las operaciones y decisiones de la empresa.

4. Beneficios fiscales: las SAPI ofrecen algunos beneficios fiscales para las empresas y los inversionistas.

Desventajas:

1. Altos requisitos de capital mínimo: la creación de una SAPI requiere un capital mínimo, por lo que las empresas que no tienen una base sólida pueden tener dificultades para reunir los fondos necesarios.

2. Riesgo de conflictos de interés: los inversionistas pueden tener diferentes intereses y objetivos, lo que puede generar conflictos de interés en la gestión de la empresa.

3. Composición limitada de accionistas: las SAPI tienen un límite de número de accionistas, lo

cual puede limitar el alcance de los recursos y la diversidad de la inversión.

4. Mayor complejidad en la regulación: las SAPI tienen ciertas regulaciones que deben cumplirse, lo cual puede generar complejidad en la operación y gestión de la empresa.

En conclusión, las SAPIs son una opción atractiva para aquellas empresas que buscan financiamiento alternativo y para los inversionistas que buscan una forma de invertir en una empresa. Sin embargo, los requisitos de capital mínimo, el riesgo de conflictos de interés y la complejidad en la regulación deben ser considerados cuidadosamente antes de decidir si la creación de una SAPI es adecuada para una empresa en particular.

2. Aspectos Fiscales

Las obligaciones fiscales que las personas morales (empresas) están obligadas a cumplir en México según la legislación actual son las siguientes:

1. Inscripción al Registro Federal de Contribuyentes (RFC): las empresas deben inscribirse en el RFC para obtener su clave de identificación tributaria y poder realizar actividades comerciales legales. Al inscribirse al Registro Federal de

Contribuyentes (RFC), una persona moral obtiene los siguientes elementos y características:

A. Clave de RFC: se le asigna una clave de RFC única y exclusiva que la identifica fiscalmente ante el Servicio de Administración Tributaria (SAT).

En México, existen dos tipos de certificados digitales que se utilizan en la firma electrónica de documentos: la e. firma y la Clave de Registro en el RFC para Firma Electrónica (CSD).

a. La e. firma es un certificado digital emitido por el Servicio de Administración Tributaria (SAT) que identifica a una persona física o moral en las transacciones electrónicas que realiza con la administración tributaria. Este certificado se utiliza para firmar documentos electrónicos, como la presentación de declaraciones, trámites de pago y recepción de notificaciones del SAT. La e. firma tiene un nivel de seguridad mayor que la CSD, ya que su uso se encuentra respaldado por un sistema de identificación biométrica y su expedición es más rigurosa.

a. Por otro lado, la CSD es el certificado digital utilizado para emitir facturas electrónicas. Es un documento que se vincula al Registro Federal de Contribuyentes (RFC) de una persona física o moral, y permite la emisión y recepción de facturas electrónicas. Este certificado se encuentra vinculado a los procesos fiscales en general, y su uso está limitado a la generación de comprobantes fiscales.

En resumen, la e. firma y la CSD son dos tipos de certificados digitales con fines distintos en el ámbito fiscal y tributario en México. Mientras que la e. firma se utiliza para firmar documentos electrónicos ante el SAT, la CSD se utiliza exclusivamente para la emisión de facturas electrónicas.

B. Registro en el padrón de contribuyentes: la persona moral queda registrada en el padrón de contribuyentes del SAT, lo que le permitirá cumplir con sus obligaciones fiscales.

C. Obligaciones fiscales: la persona moral tendrá la obligación de presentar sus declaraciones fiscales de manera regular, cumplir con el pago de impuestos y cumplir con todas las demás obligaciones fiscales que correspondan de acuerdo con su actividad económica.

D. Deducción de gastos: al estar registrada en el RFC, la persona moral podrá hacer deducciones fiscales de los gastos que realice para su actividad empresarial, siempre que cumpla con los requisitos fiscales correspondientes.

E. Acceso a facturación electrónica: la persona moral podrá emitir y recibir facturas electrónicas, lo que facilitará el cumplimiento de sus obligaciones fiscales.

F. Registro en el SAT: al estar inscrita en el RFC, la persona moral estará registrada en el SAT, lo que le permitirá tener acceso a los servicios digitales que éste ofrece, como el portal para presentar declaraciones fiscales, obtener certificados digitales, y hacer consultas sobre su situación fiscal, entre otros.

G. Legalidad: la persona moral, al estar inscrita en el RFC, tiene una existencia legal y regular ante las autoridades fiscales.

2. Presentación de declaraciones fiscales: las empresas deben presentar declaraciones fiscales como el Impuesto Sobre la Renta (ISR), el Impuesto al Valor Agregado (IVA), entre otros, en las fechas establecidas por la autoridad fiscal correspondiente.

Las personas morales (empresas) en México están obligadas a presentar diversas declaraciones fiscales, cada una de las cuales tiene una finalidad específica y debe ser presentada en las fechas establecidas por la autoridad fiscal correspondiente. A continuación, se detallan los principales tipos de declaraciones que deben presentar las personas morales en México:

- Declaración Anual del Impuesto Sobre la Renta (ISR): la declaración anual del ISR es una declaración que se presenta una vez al año en la cual se hace el cálculo y pago final del ISR respecto al ejercicio fiscal anterior. En ella se deben incluir todos los ingresos y gastos de la empresa durante el periodo fiscal correspondiente.

- Declaración Mensual del Impuesto al Valor Agregado (IVA): la declaración mensual del IVA es una declaración que se presenta cada mes en la que se reportan las operaciones realizadas durante el mes anterior, así como el monto correspondiente al impuesto por esas operaciones.

- Declaración del Impuesto Especial sobre Producción y Servicios (IEPS): La declaración del IEPS es una declaración que se presenta por las empresas que produzcan o importen ciertos productos sujetos a este tipo de impuesto, como bebidas alcohólicas, tabaco, gasolinas, entre otros.

- Declaración Informativa de Operaciones con Terceros (DIOT): la declaración informativa de operaciones con terceros es una obligación para aquellas empresas que realizaron operaciones con terceros en las que se trasladó o se recibió algún impuesto como el IVA.

- Declaración Anual de Sueldos y Salarios: la declaración anual de sueldos y salarios es una declaración en la que se informan los ingresos y retenciones de impuestos realizadas por la empresa a sus empleados.

Cabe mencionar que existen otras declaraciones fiscales que pueden estar relacionadas con el tipo de actividad o el tamaño de la empresa y que deben ser presentadas en las fechas correspondientes para cumplir con las obligaciones fiscales en México.

3. Pago puntual de obligaciones fiscales: las empresas deben cumplir con el pago puntual de sus obligaciones fiscales tanto federales como locales para evitar sanciones o multas.

4. Llevar contabilidad en forma electrónica y mantenerla actualizada: las empresas deben llevar un registro contable de sus transacciones en forma electrónica y mantenerlo actualizado diariamente. La contabilidad electrónica es el registro contable de todas las operaciones económicas y financieras de una persona física o moral, que se realiza mediante herramientas digitales y cumple con los lineamientos establecidos por el Servicio de Administración Tributaria (SAT) en México.

El procedimiento de la contabilidad electrónica se lleva a cabo en tres etapas:

I. Registro de los hechos contables: cada operación económica y financiera que realice una persona física o moral debe ser registrada en medios electrónicos y de forma detallada, indicando el tipo de comprobante fiscal, el número y el valor de la transacción, la fecha, entre otras cosas.

II. Envío al SAT: se deben enviar los registros contables de forma mensual al SAT en formato XML, a través del portal de Internet del SAT y con la firma electrónica de quien los elaboró. Los archivos enviados deben cumplir con los requisitos establecidos por el SAT para que sean aceptados y validados.

III. Conservación de los registros contables: se deben conservar los registros contables, por un plazo mínimo de cinco años, para su posterior consulta o en caso de que el SAT solicite la revisión de estos. Estos registros pueden ser almacenados de forma digital o impresa, siempre y cuando cumplan con los requerimientos fiscales.

El proceso de contabilidad electrónica es una obligación para todas las personas físicas o morales que realicen actividades económicas, y está diseñado para mejorar la calidad y transparencia de la información financiera que se envía al SAT. También tiene como objetivo facilitar la revisión de los registros contables, para verificar el correcto cumplimiento de las obligaciones fiscales y tributarias de las empresas.

5. Emisión de comprobantes fiscales: las empresas deben emitir comprobantes fiscales (facturas) por las operaciones que realizan.

En México existen distintas versiones de emisiones de Comprobantes Fiscales Digitales por Internet (CFDI), que son expedidos por los contribuyentes para documentar sus transacciones fiscales. A continuación se describen los tipos de versiones de emisiones de CFDI en México:

1. CFDI versión 3.2: es la versión más antigua de los CFDI, que fue utilizada desde el 2011 hasta el 30 de noviembre de 2017. Incluía los comprobantes fiscales para nómina, pago y medio de pago, entre otros.

2. CFDI versión 3.3: es la versión actual de los CFDI, que se utiliza desde el 1 de diciembre de 2017. Incluye varios cambios significativos en comparación con la versión 3.2, como la incorporación de nuevos campos, el cálculo de impuestos, la identificación de los productos y servicios, entre otros.

3. CFDI versión 4: en México, el CFDI (Comprobante Fiscal Digital por Internet) versión 4 es un documento electrónico que sirve para comprobar fiscalmente las transacciones comerciales de una persona física o moral. Se utiliza desde el 1ro de julio de 2021 y reemplaza al CFDI versión 3.3.

El CFDI versión 4 contiene varios campos para recopilar información detallada sobre las transacciones fiscales como el monto total, los impuestos, las retenciones y el método de pago utilizado. Algunos de los elementos más destacados del CFDI versión 4 son:

1. Certificación: incluye el sello digital del SAT para validar la autenticidad y vigencia del documento.

2. Emisor: contiene información sobre la persona física o moral que emite el comprobante, como el RFC (Registro Federal de Contribuyentes), nombre, domicilio fiscal, etc.

3. Receptor: contiene información sobre la persona que recibe el comprobante, como el RFC, nombre, domicilio, etc.

4. Conceptos: es el espacio que se utiliza para describir los bienes o servicios que se facturan.

5. Impuestos: describe los impuestos y sus tasas correspondientes, así como los montos de impuestos y retenciones a las que está sujeta la transacción que se está documentando.

6. Complementos fiscales: se pueden agregar complementos específicos para ciertos tipos de transacciones comerciales, como la recepción de pagos, comercio exterior, entre otros.

El CFDI versión 4 es una herramienta electrónica que permite a los contribuyentes cumplir con sus obligaciones fiscales y contables, y documentar todas las transacciones económicas realizadas. La versión 4 ofrece mayor flexibilidad y detalles a los contribuyentes y una mayor precisión en la documentación de sus transacciones fiscales.

1. Complemento de recepción de pagos: es un complemento del CDFI que se utiliza para registrar los pagos que los clientes realizan a los contribuyentes. Se utiliza para comprobar que se haya recibido un pago y documentar la fecha, el monto, forma de pago, cliente y otros detalles relevantes.

2. Complemento INE: es un complemento del CDFI que se utiliza para las facturas emitidas por contribuyentes que venden bienes o servicios a instituciones gubernamentales o partidos políticos. Este complemento contiene información sobre el servidor público que autoriza la compra y el monto del presupuesto asignado para compras.

3. Complemento para el comercio exterior: es un complemento del CFDI que se utiliza para la exportación de bienes. Incluye información adicional sobre soldaduras, materiales, cómo se

transporta la mercancía, información sobre las aduanas, entre otros detalles.

4. CFDI Egresos versión 4: en México, el CFDI (Comprobante Fiscal Digital por Internet) de egresos es un documento electrónico que se utiliza para comprobar fiscalmente los pagos realizados por un contribuyente, ya sea persona física o moral, a terceros por concepto de gastos, o egresos que hayan impactado su actividad económica.

El CFDI de egresos antiguamente era conocido como CFDI de egresos por cuenta de terceros, y mediante la implementación de la versión 4 del CFDI incorpora nuevos conceptos que permiten una mayor claridad y transparencia en la documentación de pagos.

Este documento acredita que se ha realizado un pago por parte del emisor y que se ha recibido un servicio, bien o derechos en contra parte. Es decir, permite acreditar el gasto correspondiente a la adquisición de proveedores y gastos realizados por un contribuyente.

Los datos que debe contener el CFDI de egresos son similares a los que incluye un CFDI de ingreso, incluyendo la descripción de los productos o servicios adquiridos, el nombre del proveedor, el importe de la compra, el método de pago utilizado, entre otros.

El CFDI de egresos también puede ser utilizado para deducir y acreditar los gastos realizados por una empresa, lo que se traduce en una reducción de los impuestos a pagar. Así, los contribuyentes pueden recuperar el IVA y el IEPS que hayan pagado por los bienes o servicios adquiridos para su actividad económica.

En conclusión, el CFDI de egresos es un documento fundamental para la documentación fiscal de las operaciones que ocasionen erogaciones de dinero por parte de una persona física o moral y permite cumplir con las obligaciones fiscales de manera transparente ante el Servicio de Administración Tributaria (SAT). El Comprobante Fiscal Digital por Internet (CFDI) de Nómina es un documento fiscal que se utiliza en México para registrar el pago de salarios y prestaciones de un empleador a sus trabajadores. Estos comprobantes son obligatorios para todas las empresas que tienen empleados y se deben expedir cada vez que se realiza el pago de la nómina.

1. La versión actual del CFDI de Nómina es la 1.2: publicada por el Servicio de Administración Tributaria (SAT) en el 2020. Esta versión se actualizó para mejorar la información y transparencia en la gestión de los pagos de nómina y se adecúa a las disposiciones fiscales establecidas en la Ley del Impuesto Sobre la Renta (ISR).

El CFDI de Nómina contiene información detallada sobre el salario y las prestaciones que se pagan a los empleados, como la cantidad percibida, conceptos de pago, impuestos retenidos y deducidos, entre otros. Algunos de los elementos más importantes que deben contener los CFDI de Nómina son:

1. Datos de identificación: incluye información como el nombre, RFC y CURP (Clave Única de Registro de Población) del empleador y el empleado.

2. Percepciones y deducciones: se deben incluir los nombres de los conceptos de pago, como salarios, aguinaldos, bonos, entre otros, así como las deducciones correspondientes, como impuestos y cuotas de seguridad social.

3. Fechas de pago: se deben incluir las fechas en que se realizó el pago correspondiente a la nómina.

4. Número de días trabajados: se debe incluir el número de días trabajados por el empleado, ya que esto influye en el monto que se paga al empleado por su trabajo.

El CFDI de nómina es un documento electrónico obligatorio para las empresas en México, y su correcta emisión y entrega a los empleados es fundamental para cumplir con las obligaciones fiscales establecidas por el SAT y evitar sanciones y multas.

Busca asesores y expertos fiscales que te apoyen a crear estrategias para mantener tus aspectos fiscales sanos, el no pagar impuestos o declarar sólo en cero es un incumplimiento de tus obligaciones y a la larga esto te causará más problemas que soluciones. Recuerda, la mejor manera de no pagar impuestos es pagando.

3. Clasificación de cada uso de factura, México

En México existen varios tipos de facturas que los contribuyentes pueden emitir según el uso que se les vaya a dar. A continuación se describe la clasificación de los principales tipos de factura que se utilizan en México:

1. Factura de venta: es una factura que se emite cuando se vende un bien o servicio a un cliente. Esta factura incluye información detallada sobre la transacción, como el nombre y número de identificación fiscal del cliente, la cantidad y descripción del bien o servicio vendido, el precio unitario y el importe total.

2. Factura de pago: es una factura que se emite cuando se realiza un pago a un proveedor. Esta factura incluye información detallada

sobre el pago, como el nombre y número de identificación fiscal del proveedor, la cantidad y descripción del bien o servicio pagado, y el monto total.

3. Nota de crédito: es un documento que se emite para corregir una factura previa que contenía errores en el importe, cantidad, o cualquier otro detalle relacionado con la operación comercial. La nota de crédito se emite con una cantidad negativa que reduce el importe original de la factura.

4. Nota de débito: es un documento que se emite cuando se debe agregar un cargo adicional a una factura previa, por ejemplo, cuando se agregan impuestos o intereses por un pago tardío.

5. Comprobante simplificado: es un documento que se emite en caso de ventas minoristas —pequeñas ventas al público en general— y debe contener el nombre o razón social y el RFC de quien realiza la venta, así como la fecha, la descripción del bien o servicio, la cantidad, el precio y el importe total de la operación.

6. Recibo de honorarios: es un documento que se emite cuando se presta un servicio profesional o técnico y debe contener el nombre o razón social

y el RFC de quien realiza el servicio, así como la fecha, el concepto del servicio, la cantidad, el precio y el importe total de la operación.

En resumen, la clasificación de cada uso de factura en México varía de acuerdo con la operación comercial y la transacción realizada. La emisión de estas facturas es fundamental para cumplir con las obligaciones fiscales establecidas por el Servicio de Administración Tributaria (SAT) y tener una adecuada documentación de las operaciones comerciales realizadas.

Recuerda que desde el 2011 las facturas contienen certificado digital y es necesario que cuenten con ellas para ser validas en tus operaciones. Por ello, es necesario siempre contar con tu CSF (Constancia de Situación Fiscal) actualizada para que puedas solicitar facturas, y también deberás tener la de tus clientes para poder emitirles correctamente las facturas.

4. Registro de la empresa

El registro de una empresa en México es un proceso legal y necesario para poder operar de manera legítima en el país. Evítate problemas a la larga, busca que sólo tú tengas las posibilidad de explotar tu emprendimiento, sino alguien después podrá causarte problemas en donde perderás tiempo y dinero.

Algunas de las principales razones por las que es importante registrarse son:

- Cumplimiento de la ley: al registrar una empresa se está cumpliendo con las leyes y regulaciones mexicanas. Esto no sólo permite operar de manera legal, sino que evita posibles sanciones o multas por operar sin permiso.

- Acceso a financiamiento: muchas instituciones financieras, tanto públicas como privadas, requieren que una empresa esté registrada para otorgarle un préstamo o crédito. El registro permite demostrar que la empresa es una entidad legal y confiable.

- Protección legal: una empresa registrada tiene la capacidad de proteger su nombre, marca y productos mediante derechos de propiedad intelectual. Esto evita que otras empresas utilicen estos elementos sin autorización, lo que podría causar daños económicos y reputacionales.

- Credibilidad ante clientes y proveedores: una empresa registrada transmite más confianza y credibilidad a los clientes y proveedores. Esto ayuda a establecer relaciones comerciales sólidas y duraderas.

- Acceso a servicios gubernamentales: al estar registrada, una empresa tiene acceso a diversos servicios gubernamentales como programas de financiamiento, capacitación empresarial y tramitación de permisos y licencias.

En resumen, el registro de una empresa en México es fundamental para poder operar de manera legal y confiable en el país. Esto no sólo permite cumplir con las obligaciones legales, sino que abre puertas a oportunidades de crecimiento y desarrollo empresarial.

El proceso de registro de una empresa en México varía según el tipo de empresa y su estructura legal, pero a continuación se presentan los pasos generales para el registro:

1. **Definir la estructura legal de la empresa:** hay varias opciones, como sociedad anónima, sociedad de responsabilidad limitada, persona física con actividad empresarial, entre otras.

2. **Elegir el nombre de la empresa**: el nombre debe ser único y no estar registrado por otra empresa. Se puede hacer una búsqueda en el Registro Público de Comercio para verificar su disponibilidad.

Para generar e inscribir el nombre de la empresa o negocio en México se deben seguir los siguientes pasos:

- Generación del nombre: el primer paso es elegir un nombre que sea único y que no esté registrado por otra empresa. Es importante verificar que no existan marcas registradas con un nombre similar al que se desea utilizar. Además, se debe tener en cuenta que el nombre sea conciso, fácil de recordar y que esté relacionado con el giro del negocio.

- Búsqueda de disponibilidad del nombre: se debe verificar que el nombre elegido esté disponible para su registro en el Registro Público de Comercio (RPC) de la Secretaría de Economía. Para esto se puede hacer una búsqueda en la base de datos del RPC en línea o acudir a una oficina del RPC.

- Es importante registrar el nombre de una empresa en el Instituto Mexicano de la Propiedad Industrial (IMPI) porque esto otorga una protección legal exclusiva a la marca y evita que otras empresas utilicen el mismo nombre o uno parecido. Además, el registro en el IMPI también protege la marca de la competencia desleal y la piratería, lo que puede afectar la imagen y los ingresos de la empresa.

A continuación se presentan los pasos para registrar el nombre de una empresa en el IMPI:

1. Búsqueda previa del nombre: se debe verificar que el nombre que se desea registrar no esté registrado previamente en el IMPI. Para hacer eso, se puede hacer una búsqueda en el portal web del IMPI.

2. Registro en línea: se debe crear una cuenta en línea en el portal web del IMPI y llenar los datos requeridos para registrar el nombre de la empresa.

3. Pago de derechos: después de llenar la solicitud de registro, se debe realizar el pago correspondiente a los derechos establecidos por el IMPI.

4. Presentación de la solicitud de registro: una vez que se ha llenado la solicitud en línea y se ha realizado el pago de derechos, se debe presentar la solicitud ante el IMPI, junto con los documentos requeridos, en una de las oficinas del IMPI en todo el país, o en línea a través del portal web del IMPI.

5. Examen y aprobación de solicitud: el IMPI examinará la solicitud y determinará si se cumple con todos los requisitos necesarios para registrar el nombre. Si se aprueba la solicitud, se otorga el registro de la marca y se pone a disposición del titular un certificado que lo acredita.

Es importante tener en cuenta que el registro en el IMPI es válido por diez años y se puede renovar indefinidamente cada vez que expire. También se deben mantener al día los pagos de los derechos correspondientes para mantener la protección legal.

El coste del registro en el Instituto Mexicano de la Propiedad Industrial (IMPI) varía según el tipo de registro que se solicita. A continuación se enumeran los costos para algunos de los registros más comunes del IMPI:

- Registro de marca: desde el 2021, el costo mínimo para una solicitud de registro en línea de una marca en una sola clase de productos o servicios es de $ 2,906.09 MXN. Si se desean más clases de productos o servicios, el costo aumenta y puede rondar los $ 4,000 MXN por cada clase adicional.

- Registro de aviso comercial: el costo del registro de aviso comercial es de $1,994.60 MXN y tiene una duración de diez años.

- Registro de patentes: el costo del registro de una patente varía según el tipo de patente que se solicita y el tamaño de la empresa. Para una empresa pequeña o mediana, el costo de una solicitud de patente puede ser alrededor de $5,000 MXN.

Es importante tener en cuenta que los precios pueden variar según el trámite, la cantidad de clases y otros factores. Para obtener información detallada sobre los precios, se recomienda visitar la página web del IMPI o comunicarse con ellos directamente para obtener información sobre los costos de un registro específico.

- Realizar el trámite de inscripción: una vez que se ha comprobado que el nombre está disponible, se debe realizar el trámite de inscripción en el RPC. Para esto, se debe presentar una solicitud de reserva de nombre ante el RPC y pagar los derechos correspondientes.

Los documentos necesarios para inscribir una empresa o persona física en el Servicio de Administración Tributaria (SAT) de México varían según el tipo de actividad económica que se va a realizar y el régimen tributario que se va a elegir. A continuación se enlistan los documentos básicos que se necesitan para la inscripción.

Documentos para inscribir una empresa:

- Identificación oficial de los socios o dueños, como el INE o el pasaporte
- Escritura constitutiva de la empresa
- Comprobante de domicilio de la empresa

- Registro Federal de Contribuyentes (RFC) de la empresa, si ya se ha obtenido

- Poder notarial en caso de actuar como representante legal

Documentos para inscribir una persona física:

1. Identificación oficial como INE o pasaporte

2. Comprobante de domicilio de la persona

3. Registro Federal de Contribuyentes (RFC), si ya se ha obtenido

Es importante tener en cuenta que hay otros documentos que pueden ser requeridos según la actividad económica que se va a realizar o según el régimen tributario que se escoja. Por ejemplo, si se va a realizar una actividad que requiere permisos o licencias especiales, se pueden solicitar documentos adicionales para demostrar la legalidad de dicha actividad.

Para obtener información detallada sobre los documentos necesarios para la inscripción en el SAT para su caso particular, se puede visitar la página web del SAT o acudir a una de sus oficinas para obtener asesoría gratuita.

- Obtener el certificado de reserva de nombre: una vez que se ha realizado la solicitud de reserva de nombre, se obtendrá un certificado que acredita que el nombre está reservado y disponible para su uso. Este certificado tiene una vigencia de 180 días.

- Asegurarse de cumplir con los requisitos de registro: es importante asegurarse de cumplir con los requisitos necesarios para el registro de la empresa o negocio, tales como la elaboración de la escritura constitutiva, la obtención del Registro Federal de Contribuyentes (RFC) y la inscripción en el RPC.

Es importante tener en cuenta que el registro del nombre de la empresa no implica la constitución de esta ni su registro ante la Secretaría de Economía y ante otras instituciones gubernamentales que pueden ser necesarias según la estructura legal y el giro del negocio.

Se recomienda consultar con un abogado o experto en la materia para asegurar que todos los trámites se realicen de manera adecuada.

3. **Elaborar los estatutos y escritura constitutiva:** la escritura constitutiva es un documento legal que establece la estructura, capital social y objetivos de la empresa. Los estatutos son

las reglas internas que rigen la operación de la empresa.

La elaboración de los estatutos y la escritura constitutiva son los documentos legales básicos necesarios para la constitución y registro de una empresa en México.

A continuación se presentan los datos esenciales y elementos que se deben incluir en estos documentos:

1. Datos de los socios fundadores: se deben incluir los nombres completos, nacionalidad, domicilio, edad, estado civil y, en su caso, identificación oficial y Registro Federal de Contribuyente (RFC) de los socios fundadores.

2. Nombre y objeto social de la empresa: se debe especificar el nombre de la empresa, el objeto social, el domicilio principal y los demás domicilios en donde se piensa ejercer la actividad comercial prevista.

3. Capital social: se debe definir el capital social suscrito y el capital social pagado parcial o completamente.

4. Naturaleza jurídica: se debe definir la naturaleza jurídica de la empresa, por ejemplo,

sociedad anónima, sociedad de responsabilidad limitada, entre otros.

5. Órganos de gobierno: se deben definir cuáles serán los órganos de gobierno de la empresa, así como sus funciones y facultades, como pueden ser la asamblea de socios, el consejo de administración y el comisario.

6. Duración de la empresa: en este apartado se debe de describir la duración de la empresa, especificando si la empresa se creará por tiempo indefinido o finito.

7. Reglas y obligaciones operativas: se deben establecer las reglas y obligaciones operativas de la empresa, incluyendo las regulaciones de los ingresos, egresos y para controlar activos y pasivos.

Es importante tener en cuenta que los estatutos y la escritura constitutiva pueden variar según el tipo de empresa o giro.

Asimismo, se requiere que los documentos sean redactados por un abogado o notario público certificado por el gobierno de México y los trámites deben realizarse ante un notario público para que éste los firme y para que se realice el registro en la Secretaría de Economía previo pago de derechos de acuerdo con la ley.

4. **Obtener la firma electrónica:** la firma electrónica es un requisito para realizar trámites en línea y firmar documentos electrónicos. Se puede obtener en línea en el Servicio de Administración Tributaria (SAT).

Hay varias formas de obtener la firma electrónica en México.

A continuación se enumeran algunas de las opciones más comunes:

1. En línea a través del portal del SAT: se puede obtener la firma electrónica en línea a través del portal del Servicio de Administración Tributaria (SAT) mediante un registro en línea y siguiendo las instrucciones proporcionadas. Es un trámite rápido y gratuito.

2. En línea a través de proveedores de servicios de certificación: hay empresas autorizadas por la Secretaría de Economía para ofrecer servicios de certificación de firma electrónica avanzada. Se pueden encontrar estas empresas en línea y realizar el trámite con ellos.

3. En persona en oficinas del SAT: se puede hacer personalmente en una de las oficinas del SAT en todo el país, llevando la documentación necesaria y siguiendo los procedimientos establecidos. Esto requiere de una cita previa y es necesario presentarse con la identificación oficial.

4. En persona en el Registro Federal de Contribuyente (RFC): se puede realizar el trámite en el Centro Integral de Servicios (CIS) del RFC llevando la documentación requerida y siguiendo los procedimientos establecidos. También requiere de una cita previa.

Es importante tener en cuenta que la obtención de la firma electrónica tiene un costo y los precios pueden variar según la forma en que se decida obtenerla. Además, es necesario tener en cuenta que se debe contar con los documentos y cumplir con los requisitos necesarios para que el trámite sea exitoso.

5. **Obtener el Registro Federal de Contribuyentes (RFC):** este documento es necesario para realizar trámites fiscales como realizar compras y ventas, emitir facturas y pagar impuestos. Se puede obtener en línea o en una oficina del SAT.

Al inscribirse en el Registro Federal de Contribuyentes (RFC) como persona física o moral en México, se puede recibir lo siguiente:

- Comprobante de inscripción al RFC: se trata de un documento que contiene tu información personal como tu nombre, dirección fiscal, clave del RFC y régimen fiscal al que perteneces. Este comprobante se genera en línea en la página del Servicio de Administración Tributaria (SAT), una vez que hayas completado el trámite.

- Constancia de situación fiscal: es un documento oficial que muestra el estado actual de tus obligaciones fiscales con el SAT. Este documento se puede obtener a través de la página del SAT o en las oficinas de la dependencia.

- Cédula de identificación fiscal: este es un documento que se emite para las personas morales inscritas en el RFC. Esta cédula contiene información relevante acerca de la empresa o persona moral, como su razón social, número de registro en la institución, actividad económica y régimen fiscal.

- Firma electrónica: la firma electrónica es un archivo digital que permite realizar trámites y gestiones fiscales en línea. Una vez que te hayas inscrito al RFC, puedes solicitar una firma electrónica en la página del SAT.

6. **Registrar la empresa ante la Secretaría de Economía:** si la empresa se registra como sociedad, debe registrarse en la Secretaría de Economía. Para esto se debe presentar la escritura constitutiva y los estatutos de la empresa.

El registro de empresas ante la Secretaría de Economía de México se realiza a través del sistema electrónico del Registro Nacional de Empresas y Establecimientos (RNEE).

Los pasos para el registro son los siguientes:

A. Crear una cuenta en el sistema del RNEE. Este proceso se realiza en línea a través del portal de internet de la Secretaría de Economía.

B. Ingresar los datos de la empresa que se desea registrar, como su denominación o razón social, su ubicación, el giro comercial, entre otros datos.

C. Proporcionar la documentación requerida por la Secretaría de Economía. Puede variar dependiendo de la naturaleza de la empresa y el sector al que se dedique.

D. Pagar la tarifa correspondiente al registro que se puede hacer en línea o en las oficinas de la Secretaría de Economía.

El costo de registro ante la Secretaría de Economía de México puede variar dependiendo del tipo de empresa y actividad económica. Además, debes tener en cuenta que los costos no solo incluyen el trámite de registro ante la Secretaría de Economía, sino que también pueden incluir otros trámites y permisos que debas obtener antes de comenzar a operar.

Por ejemplo, si vas a registrar una Sociedad Anónima (SA) en la Ciudad de México, el costo total del trámite podría rondar los 8,000 pesos mexicanos (aproximadamente 400 dólares estadounidenses). Este costo incluiría el pago de derechos de registro ante la Secretaría de Economía, los costos de notaría por la escritura constitutiva de la empresa, el registro ante el Registro Público de Comercio, entre otros.

Sin embargo, debes tener en cuenta que estos costos son únicamente una referencia y pueden variar dependiendo de la ubicación de tu empresa y las obligaciones fiscales que debas cumplir. Por lo tanto, se recomienda consultar con un experto en el registro de empresas o directamente con la Secretaría de Economía para conocer los costos y requisitos específicos para tu caso en particular.

E. Esperar la evaluación y aprobación del registro por parte de la autoridad correspondiente.

Es importante mencionar que la responsabilidad de registrar la empresa ante la Secretaría de Economía recae en el empresario o los representantes legales de la empresa. En caso de tener dudas o preguntas sobre el proceso de registro, se recomienda contactar con la Secretaría de Economía o buscar asesoría legal especializada.

7. **Registrar la empresa ante el Registro Público de Comercio:** para registrar la empresa ante el Registro Público de Comercio se debe presentar la escritura constitutiva y los estatutos junto con el comprobante de pago de derechos.

Los pasos para registrar una empresa ante el Registro Público de Comercio en México:

1. Obtener un acta constitutiva de la empresa: el acta constitutiva es el documento que establece la creación de una empresa y describe las características básicas de ella, como el objeto social, los socios, los administradores y los estatutos. El acta constitutiva deberá estar firmada ante un notario público y deberá contener la información necesaria para el registro de la empresa en el Registro Público de Comercio.

2. Crear tu expediente en el Registro Público de Comercio: una vez obtenida la documentación necesaria, debes crear tu expediente en el Registro Público de Comercio. Esto se realiza presentando la documentación requerida por la Ley General de Sociedades Mercantiles, como el acta constitutiva y los poderes notariales.

3. Realizar el pago de los derechos correspondientes: para registrar la empresa ante el Registro Público de Comercio, es necesario realizar el pago de los derechos correspondientes. Dichos derechos varían dependiendo de cada estado y del tipo de sociedad que se desee registrar.

4. Presentar la documentación y realizar el registro: una vez cumplidos los pasos anteriores, debes presentar la documentación y realizar el registro de la empresa en el Registro Público de Comercio. El registro implica que la autoridad competente validará la documentación presentada, y emitirá una constancia de registro.

Es importante mencionar que estos pasos pueden variar dependiendo del estado donde se desee registrar la empresa, así como del tipo de sociedad que se desee crear. Por lo tanto, se recomienda solicitar asesoría especializada para llevar a cabo el proceso de registro sin contratiempos.

8. Obtener autorizaciones y permisos: dependiendo del tipo de empresa y actividad que se realice, es posible que se necesiten permisos o autorizaciones adicionales antes de comenzar a operar.

En México existen diversas autorizaciones y permisos que los empresarios y empresas deben obtener antes de iniciar sus operaciones, dependiendo del sector y actividad económica en la que se desempeñen.

A continuación te presento algunos de los tipos y clasificaciones de autorizaciones y permisos para empresarios y empresas en México:

- Permisos de construcción: estos permisos son necesarios para construir edificios, establecimientos, o realizar modificaciones a la estructura de estos.

- Permisos ambientales: estos permisos son necesarios para empresas que impacten el medio ambiente, como industrias que generan residuos, contaminan el aire, o hacen uso de recursos naturales.

- Licencias sanitarias: estas licencias son necesarias para empresas que se dedican a la producción, distribución o comercialización de alimentos, productos farmacéuticos, o servicios médicos.

- Registro de marcas y patentes: estos registros son necesarios para proteger los derechos de propiedad intelectual de los empresarios y empresas.

- Autorizaciones de inversión extranjera: los permisos y autorizaciones necesarios para empresas que deseen invertir en México dependen del tipo de inversión, sector y actividad económica.

- Licencias de apertura de negocios: estas licencias son necesarias para empresas que deseen abrir un nuevo establecimiento o local comercial.

- Permiso de operación: este permiso es necesario para las empresas que se dedican a la operación y uso de maquinaria y equipo especializado, como maquinaria pesada o vehículos de transporte.

Estos son sólo algunos ejemplos de los tipos de autorizaciones y permisos que pueden requerir los empresarios y empresas en México.

Es importante mencionar que los requisitos y procedimientos varían según la actividad económica y el sector empresarial al que pertenezcan, por lo que se recomienda investigar y contar con el asesoramiento de expertos para obtener las autorizaciones y permisos necesarios con éxito.

Cada paso puede requerir de documentación adicional y cumplir con requisitos específicos. Es recomendable consultar asesoría legal y fiscal para realizar el registro de manera adecuada.

5. Contratación de personal

Para contratar a un empleado en México se deben seguir los siguientes pasos:

1. **Identifica la necesidad de contratar:** evalúa las necesidades de tu negocio y define qué tipo de empleado requieres.

2. **Publica la oferta de empleo:** publica la oferta de trabajo en portales de empleo en línea, en páginas de redes sociales o en periódicos locales.

Para publicar una oferta de empleo en México, te recomendamos seguir las siguientes recomendaciones:

1. Define bien el perfil del puesto que quieres cubrir: es importante que la publicación contenga información detallada sobre el perfil de

la vacante, los requisitos y las habilidades necesarias para el puesto.

2. Utiliza un lenguaje claro y preciso: la publicación debe ser clara y estar escrita en un lenguaje sencillo y fácil de entender para el lector.

3. Selecciona los canales adecuados: existen diversos portales de empleo en línea, redes sociales y periódicos locales en los que puedes publicar tu oferta de empleo.

4. Incluye información sobre la empresa: es importante que la publicación contenga información sobre la empresa, su historia, su cultura y los beneficios que ofrece a sus empleados.

5. Establece un salario justo: el salario debe ser justo y acorde al puesto y a las habilidades requeridas.

6. Sé claro en los plazos y requerimientos para postularse: indica los plazos y los requisitos que deben cumplir los interesados en postularse para el puesto.

7. Procura mantener la privacidad de los datos personales: evita solicitar datos personales

como edad, género, estado civil, entre otros, ya que esto podría ser discriminatorio.

Recuerda que publicar una oferta de empleo es sólo el primer paso en el proceso de reclutamiento y selección, por lo que es importante que estés preparado para llevar a cabo una entrevista y evaluar a los candidatos que se postulen.

3. **Realiza entrevistas:** la entrevista es el momento para conocer al candidato y saber si cumple con los requisitos que buscas.

6. Entrevistas

Las entrevistas son una parte fundamental del proceso de selección de candidatos para una posición de trabajo. Estos son algunos pasos que puedes seguir para realizar entrevistas efectivas:

- Prepara la entrevista: antes de la entrevista, revisa el currículum del candidato para conocer su experiencia laboral, formación y habilidades. Prepara un guion de preguntas para que la entrevista sea estructurada y eficiente.

- Establece un ambiente cómodo: crea un ambiente cómodo y amigable para el candidato, esto lo hará sentir más relajado y propenso a hablar sobre sus habilidades y experiencia.

- Haz preguntas abiertas: haz preguntas abiertas para que el candidato pueda hablar libremente sobre sus logros y desafíos laborales. Evita preguntas cerradas que sólo requieran respuestas de sí o no.

- Escucha activamente: escucha atentamente las respuestas del candidato y realiza preguntas de seguimiento cuando sea necesario. Presta atención también a la comunicación no verbal para detectar pistas sobre la personalidad y el comportamiento del candidato.

- Evalúa la experiencia y habilidades: haz preguntas específicas sobre la experiencia laboral y las habilidades del candidato, y verifica la información en su CV. Pide ejemplos concretos de situaciones en las que haya tenido que demostrar sus habilidades.

- Evalúa la personalidad: además de la experiencia y habilidades, evalúa la personalidad del candidato. Haz preguntas sobre cómo se relaciona con sus compañeros de trabajo, cómo maneja el estrés, y cómo resuelve conflictos.

- Deja tiempo para preguntas: al final de la entrevista, deja tiempo para que el candidato realice preguntas, esto puede ayudarte a conocer mejor sus expectativas y motivaciones.

Es importante mencionar que cada entrevista puede ser diferente, y puede haber preguntas adicionales según la posición ofrecida. Lo importante es enfocarse en conocer al candidato y evaluar si es la persona adecuada para el puesto y para la empresa.

Durante una entrevista, las preguntas que se hacen son esenciales para conocer al candidato y evaluar si es la persona adecuada para la posición. Aquí te presento algunos ejemplos de preguntas que pueden servir para evaluar diferentes aspectos del candidato:

- Preguntas sobre la experiencia laboral: ¿Podría contarme sobre su trabajo anterior? ¿Cuáles fueron sus principales responsabilidades y logros? Esta pregunta permite conocer la experiencia previa del candidato y evaluar si es relevante para la posición que se está buscando.

- Preguntas sobre habilidades y competencias: ¿Podría hablarme sobre sus principales habilidades? ¿De qué manera cree que podrían aplicarse a esta posición? Esta pregunta permite conocer las habilidades y capacidades del candidato y si serán relevantes y efectivas en el puesto de trabajo.

- Preguntas sobre desafíos laborales: ¿Podría compartir conmigo un momento desafiante en su carrera y cómo lo abordó? Esta pregunta permite conocer cómo el candidato se desempeña cuando se enfrenta a situaciones difíciles o desafíos laborales.

- Preguntas sobre valores y ética: ¿Podría hablar sobre su enfoque en la integridad y ética laboral? Esta pregunta permite conocer la postura del candidato sobre temas de ética y valores laborales.

- Preguntas sobre la personalidad y compatibilidad cultural: ¿Podría hablarme sobre cómo ha trabajado anteriormente en una organización con una cultura diferente? Esta pregunta permite conocer si el candidato se adaptará y encajará con la cultura y valores de la empresa y del equipo de trabajo.

- Preguntas sobre objetivos y motivaciones: ¿Cuáles son sus objetivos a corto y largo plazo? ¿Qué lo motiva a aplicar a esta posición? Esta pregunta permite entender las motivaciones del candidato y determinar si pueden aportar de manera efectiva en la empresa.

Es importante mencionar que las preguntas pueden variar y depender de la posición y las necesidades específicas de la empresa. Por lo tanto, el hecho de realizar preguntas efectivas y relevantes es fundamental para conocer mejor a los candidatos y elegir a la persona adecuada para la posición.

7. Exámenes

En México existen diferentes tipos de exámenes que se pueden realizar para evaluar a los candidatos durante el proceso de contratación, dependiendo del tipo de trabajo y de los requerimientos específicos de la empresa. A continuación, te presento algunos ejemplos de exámenes comunes que se solicitan en México:

- Examen psicométrico: este examen se utiliza para evaluar la personalidad, habilidades cognitivas, motivaciones y características socioemocionales del candidato. El objetivo de este examen es conocer el perfil del candidato, identificar sus fortalezas y debilidades, y encontrar una posición laboral que pueda ser compatible con su perfil.

- Evaluación médica: este examen es necesario para algunas empresas, principalmente aquellas que involucran trabajo de alto riesgo, para certificar que el candidato se encuentra en óptimas condiciones físicas y no padece de alguna enfermedad preexistente o con algún riesgo para su salud o la de sus compañeros de trabajo.

- Examen de competencias técnicas: este examen está diseñado para evaluar el conocimiento técnico y habilidades específicas que se necesitan para desempeñar una posición determinada. Por ejemplo, un candidato para un puesto de programador puede ser evaluado mediante la resolución de problemas de lógica o programación.

- Prueba de habilidades tecnológicas: algunas empresas requieren que los candidatos posean habilidades específicas en tecnología o herramientas tecnológicas. Pueden realizarse pruebas para evaluar el nivel de conocimiento y habilidades que el candidato posee en estas áreas.

- Evaluaciones de idiomas: si la posición que se está evaluando requiere el uso de un idioma diferente al español, pueden evaluarse los conocimientos y habilidades del candidato en dicho idioma.

Es importante destacar que estos exámenes pueden variar dependiendo del tipo de empresa, del trabajo en cuestión y de las políticas de contratación de cada negocio. Para realizarlos es necesario contar con la aprobación del candidato y seguir los requisitos legales en relación con la privacidad y el cuidado de datos sensibles.

4. **Revisa los documentos del candidato:** debes solicitar los documentos de identidad y experiencia laboral del candidato y comprobar su autenticidad.

Al revisar los documentos de los candidatos a un puesto laboral en México, es importante asegurarse de verificar los siguientes documentos:

- Identificación oficial vigente: el documento de identificación oficial vigente debe ser una de las siguientes opciones: INE, pasaporte, cédula profesional, licencia de conducir, cartilla militar o documento migratorio para extranjeros.

- Comprobantes de estudios: se deben revisar los comprobantes de estudios presentados por el candidato, como título universitario, certificados de cursos, diplomados, entre otros.

- Constancia o comprobante laboral: verificar la experiencia laboral del candidato a través de algún documento que certifique la relación laboral con sus antiguos empleadores.

- Curriculum vitae: es importante revisar el currículum del candidato para conocer sus habilidades, experiencia y logros.

- Certificado médico: algunos trabajos pueden requerir un certificado médico que acredite que el candidato es apto para trabajar.

- Comprobante de dirección: puede solicitarse un comprobante de domicilio actualizado que certifique la residencia del candidato.

Es importante recordar que, al revisar los documentos, se deben respetar los derechos y la privacidad de los candidatos. También es recomendable contar con la ayuda de un abogado laboral para asegurarse de que se estén cumpliendo los requisitos y las leyes laborales de México.

5. **Elabora el contrato:** el contrato debe incluir las condiciones de trabajo, salario, horario, vacaciones, días de descanso, entre otros.

Existen diferentes tipos de contratos laborales en México, los más comunes son:

- Contrato por tiempo determinado: este tipo de contrato tiene una duración establecida y termina en una fecha determinada. Es utilizado cuando el trabajo a realizar tiene una duración específica.

- Contrato por tiempo indeterminado: este tipo de contrato no tiene una duración establecida y se considera que el empleado trabajará para la empresa durante un plazo indeterminado.

- Contrato por obra o proyecto: este tipo de contrato se utiliza cuando se va a realizar una obra o un proyecto específico y tiene una duración determinada.

- Contrato de capacitación inicial: este contrato se utiliza cuando el empleado es nuevo en el puesto y se le capacita para desempeñar sus funciones.

A continuación se presentan algunas formas de elaborar un contrato laboral en México:

- Utiliza un lenguaje claro y sencillo: el contrato debe estar redactado de forma clara y sencilla para que no haya confusiones en cuanto a las cláusulas y obligaciones.

- Incluye información personal: la información personal de la empresa y del empleado debe ser incluida en el contrato, como nombre, domicilio, número de seguro social, entre otros.

- Define las condiciones laborales: es importante que se defina el salario, la jornada de trabajo, el periodo de descanso, las prestaciones y los beneficios que se ofrecen al empleado.

- Establece las cláusulas de confidencialidad, propiedad intelectual y no competencia: si se requiere, es importante incluir cláusulas que protejan los intereses de la empresa y definan los límites de confidencialidad, propiedad intelectual y no competencia.

- Incluye las obligaciones y responsabilidades del empleado: es importante que el empleado conozca sus obligaciones y responsabilidades, así como las consecuencias en caso de un incumplimiento.

- Firma del contrato: el contrato debe ser firmado por ambas partes y tener las copias necesarias para ser resguardado en caso de requerirse en el futuro.

Es importante destacar que el contrato debe ser elaborado de acuerdo con las leyes laborales de México y que es recomendable contar con la asesoría de un abogado laboral para asegurarse de que se está cumpliendo con todas las obligaciones correspondientes.

6. **Regístrate en el Seguro Social:** al contratar un empleado debes registrarlo en el Instituto Mexicano del Seguro Social (IMSS).

Para registrar a un empleado en el Instituto Mexicano del Seguro Social (IMSS), debes seguir los siguientes pasos:

- Registra a la empresa en el IMSS: antes de registrar a un empleado, la empresa debe estar registrada en el IMSS. Si no estás registrado, debes hacerlo en la subdelegación del IMSS correspondiente.

- Genera un número de Seguridad Social (NSS): cada empleado debe contar con un número de Seguridad Social que se debe generar a través del portal del IMSS.

- Inscribe al empleado en el IMSS: para inscribir al empleado en el IMSS se deben seguir los siguientes pasos:

- Llenar el formato de inscripción patronal y de trabajadores del IMSS.

- Entregar el formato completo en la subdelegación del IMSS correspondiente, junto con el acta de nacimiento, identificación oficial, alta en Hacienda y comprobante de domicilio del empleado.

- Realiza los pagos al IMSS: la empresa debe realizar los pagos correspondientes al IMSS de acuerdo con las obligaciones laborales establecidas.

- Entrega al empleado su tarjeta de afiliación al IMSS: una vez que el empleado esté registrado y se hayan realizado los pagos correspondientes al IMSS, se le debe hacer entrega de su tarjeta de afiliación al IMSS.

Es importante recordar que el registro en el IMSS es una obligación para las empresas en México y es necesario contar con la asesoría de un abogado laboral para cumplir con todas las obligaciones correspondientes.

7. **Cumple con las obligaciones fiscales:** al contratar a un empleado debes pagar impuestos y cumplir con las obligaciones fiscales correspondientes.

Al contratar a un empleado en México, las obligaciones fiscales y los impuestos que deben ser pagados son:

- Impuesto sobre la Renta (ISR): todo empleador debe retener y pagar el ISR de sus empleados, el cual se calcula en función del salario que se esté pagando.

- Impuesto sobre la Nómina (ISN): en algunos estados de México se requiere el pago de un impuesto sobre la nómina, que tiene una tasa fija y se calcula en función del salario del empleado.

- Contribuciones al Instituto Mexicano del Seguro Social (IMSS): todo empleador debe pagar las contribuciones correspondientes al IMSS, el cual cubre la seguridad social de los trabajadores y sus familias. Esto incluye la afiliación del empleado, el pago de las aportaciones patronales y la realización de las declaraciones correspondientes.

- Infonavit: además de las contribuciones al IMSS, algunos empleadores deben realizar el pago de aportaciones a Infonavit, para el otorgamiento de créditos a los trabajadores para vivienda.

- Impuesto al Valor Agregado (IVA): si tu empresa realiza ventas de productos o servicios, es necesario pagar el IVA correspondiente, el cual tiene una tasa del 16% y se realiza a través de declaraciones mensuales o bimestrales.

Es importante destacar que el cumplimiento de las obligaciones fiscales es una responsabilidad fundamental de los empleadores en México. Para cumplir con dichas obligaciones, es recomendable contar con la asesoría de un despacho de contadores para asegurarse de estar cumpliendo con todas las obligaciones legales correspondientes.

8. Firma el contrato y entrega al empleado.

Para firmar un contrato en México se deben seguir los siguientes pasos:

1. Elaboración del contrato: se debe elaborar el contrato teniendo en cuenta todas las cláusulas y términos acordados entre ambas partes. El contrato debe ser claro y conciso.

2. Revisión del contrato: las partes involucradas deben revisar el contrato cuidadosamente para asegurarse de que contiene todos los términos y condiciones acordados y que no hay errores o malentendidos.

3. Firma del contrato: ambas partes deben firmar el contrato en todas sus hojas, incluyendo las hojas en blanco. Se debe indicar la fecha y el lugar de firma. Para los contratos laborales, es recomendable contar con dos testigos que firmen junto con las partes.

4. Entrega del contrato: se debe entregar una copia del contrato firmado a cada una de las partes. Es recomendable que se guarden copias adicionales en caso de que sea necesario en el futuro.

5. Registro del contrato ante autoridades competentes: en algunos casos, como en los contratos de arrendamiento, es necesario registrar el contrato ante las autoridades competentes.

Es importante destacar que el contrato es un documento legalmente válido y ambas partes están obligadas a cumplir las cláusulas y términos acordados. Es recomendable que se tenga la asesoría de un abogado para asegurarse de que se están cumpliendo con todas las obligaciones legales correspondientes durante el proceso de firma del contrato.

9. **Realiza un seguimiento o evaluación constante de su trabajo:** realizar un seguimiento o evaluación constante a los empleados en México

es una práctica importante para mantener una buena gestión de recursos humanos y mejorar el rendimiento de la empresa. Los siguientes son los pasos y beneficios que se obtienen al realizar un seguimiento o evaluación constante a los empleados en México:

Pasos:

1. Establecer los objetivos: antes de comenzar la evaluación es importante establecer los objetivos que se quieren lograr a través de la evaluación.

2. Elección de la metodología: se debe elegir una metodología para llevar a cabo la evaluación. Las más comunes son la evaluación del rendimiento y la evaluación por competencias.

3. Establecimiento de criterios: se deben fijar criterios para evaluar a los empleados. Estos criterios deben ser objetivos y estar alineados con los objetivos de la empresa.

4. Realización de la evaluación: se debe llevar a cabo la evaluación de acuerdo con la metodología y criterios establecidos. La evaluación debe ser justa, imparcial y objetiva.

5. Comunicación de los resultados: después de la evaluación, se deben comunicar los resultados a los empleados, de una manera respetuosa y clara.

Beneficios:

- Mejora el rendimiento: la evaluación constante permite identificar las fortalezas y debilidades de los empleados, lo que permite crear un plan de mejora para el rendimiento.

- Identifica necesidades de capacitación: la evaluación constante ayuda a identificar las áreas en las que los empleados necesitan capacitación y formación adicionales.

- Fomenta el diálogo y la comunicación: la evaluación constante fomenta una cultura de diálogo y comunicación abierta y honesta entre empleados y empleadores.

- Fortalece la motivación: la evaluación constante permite reconocer los logros y premiar los buenos desempeños, lo que fortalece la motivación de los empleados.

- Mejora la toma de decisiones: la evaluación constante proporciona información valiosa que ayuda a los empleadores a tomar decisiones más informadas sobre la gestión de los recursos humanos y la planificación del negocio.

Es importante destacar que la evaluación constante debe ser llevada a cabo de manera justa, imparcial y objetiva. Además, es recomendable contar con un plan de mejora para los empleados, en caso de que se detecten falencias en su desempeño.

Recuerda que es importante contar con asesoría jurídica o contable para asegurarse de que se están cumpliendo con todas las obligaciones legales correspondientes.

8. Equipo de trabajo

Escoger a tu equipo de trabajo es una tarea importante y crucial para el éxito de cualquier empresa. Aquí te presento algunos pasos que pueden ayudarte a seleccionar al mejor equipo:

1. Define tus necesidades: antes de empezar el proceso de selección, debes tener claro cuáles son las necesidades de la empresa y qué perfiles buscas. Esto te ayudará a enfocar tu búsqueda y a saber qué competencias y habilidades debe tener el equipo que vas a seleccionar.

2. Crea una descripción del puesto: una vez que tienes definidas tus necesidades, es importante que describas el puesto o puestos que necesitas cubrir. Debes especificar las habilidades, experiencia y conocimientos que se requieren, así como las responsabilidades y tareas.

3. Publica tus ofertas de trabajo: existen diversas plataformas y portales de empleo donde puedes publicar tus ofertas de trabajo. También puedes hacer uso de tus redes de contactos y redes sociales para difundir tus vacantes.

4. Realiza un proceso de selección riguroso: es importante que tengas un proceso riguroso de selección para asegurarte de que estás contratando al mejor candidato. Puedes empezar con una revisión de currículums, seguida de entrevistas y pruebas prácticas.

5. Evalúa el fit cultural: además de las habilidades técnicas y conocimientos, es importante que evalúes el fit cultural del candidato. ¿Encaja la personalidad y valores del candidato con la cultura y valores de la empresa? Esto puede ser clave para el desempeño exitoso del equipo.

6. Realiza verificaciones de antecedentes: para asegurarte de que estás contratando a la persona

correcta, es importante que realices verificaciones de antecedentes, como revisión de referencias laborales o educativas, verificación de antecedentes penales, entre otros.

7. Ofrece condiciones justas de trabajo: una vez que hayas seleccionado a tu equipo de trabajo, es importante que les ofrezcas condiciones justas de trabajo, como un salario competitivo, capacitación, oportunidades de crecimiento y desarrollo, un ambiente laboral saludable y flexible, entre otros.

Es importante mencionar que el proceso de selección puede ser diferente para cada empresa y que es importante contar con asesoría especializada en recursos humanos si tienes dudas o preguntas sobre el proceso de selección.

9. Obtención de licencias y permisos

Para empezar a operar una nueva empresa en México es importante obtener las siguientes licencias y permisos:

- Registro Federal de Contribuyentes (RFC): todo empresario debe tener su RFC, el cual se puede obtener en la Secretaría de Hacienda y Crédito Público (SHCP).

- Licencia de funcionamiento: dependiendo de la actividad económica que se vaya a realizar, se debe obtener una licencia de funcionamiento expedida por la autoridad municipal correspondiente.

Los pasos para obtener la Licencia de Funcionamiento en México pueden variar dependiendo del municipio o estado donde se encuentre la empresa, pero los siguientes son los pasos generales:

1. Verifica los requisitos: es necesario verificar los requisitos y documentos necesarios para la obtención de la Licencia de Funcionamiento en el municipio o estado correspondiente, que pueden incluir planos y permisos para la construcción o adecuación del local.

2. Prepara los documentos: debe recopilar todos los documentos necesarios para iniciar el trámite, como la identificación oficial del representante legal, el comprobante de domicilio y el acta constitutiva de la empresa.

3. Realiza el trámite: debe presentar los documentos requeridos en las oficinas correspondientes y pagar los derechos correspondientes.

4. Inspección: en algunos casos puede ser necesario que se realice una inspección a las instalaciones para verificar que se cumplan con las normas y regulaciones de la localidad.

5. Obtención de la Licencia: si se cumplen con todos los requisitos y se aprueba la solicitud, se otorgará la Licencia de Funcionamiento.

Los costos de una Licencia de Funcionamiento en México pueden variar dependiendo del municipio o estado donde se realice el trámite, así como del tipo de negocio y tamaño de la instalación. Los costos suelen estar compuestos por los derechos de apertura, los honorarios por la revisión de los documentos y los costos de inspección, en caso de que se requieran.

En algunas localidades, los costos pueden ser fijos y establecidos en una tarifa establecida por la autoridad municipal correspondiente, mientras que en otras los costos pueden variar de manera dependiente de diferentes factores. En cualquier caso, es importante que la empresa se asegure de conocer el costo total y el proceso necesario para obtener la Licencia de Funcionamiento en el municipio o estado correspondiente.

Es recomendable que la empresa prepare un presupuesto que considere los costos de la Licencia de

Funcionamiento y de otros permisos y trámites necesarios para el correcto funcionamiento de la empresa, como los registros de impuestos o los permisos sanitarios. De esta manera, se puede tener una idea clara de los costos totales para establecer el negocio y asegurar que se cuenta con el presupuesto necesario para cumplir con todas las obligaciones legales y administrativas correspondientes.

- Alta en el Registro Único de Contribuyentes (RUC): es necesario realizar el trámite de alta en el Registro Único de Contribuyentes a fin de que el sistema tributario MX conozca a la empresa y a sus principales funcionarios, y se les otorguen diversos números para facilitar la recaudación fiscal.

Para darse de alta en el RUC hay que seguir los siguientes pasos:

1. Reunir los documentos necesarios para la inscripción al RUC, que pueden variar según el país o la jurisdicción. En general, se necesitará una identificación oficial del solicitante, como cédula de identidad o pasaporte, así como información sobre la empresa o negocio, como el nombre, la dirección, la actividad económica y los datos de contacto.

2. En algunos países, es posible hacer la inscripción en línea a través de un sitio web oficial o mediante un sistema de registro en línea. En otros casos, se deberá acudir personalmente a una oficina del gobierno para presentar los documentos y completar el proceso.

3. En el momento de la inscripción, se deberá elegir el régimen tributario bajo el que se operará, que puede incluir diferentes tipos de impuestos y obligaciones fiscales. Es importante considerar bien esta elección, ya que tendrá efectos en la forma en que se llevarán a cabo las operaciones y los pagos de impuestos.

4. Una vez enviado el formulario de inscripción y los documentos correspondientes, se deberá esperar a que se complete el proceso de registro y se emita el número de RUC. Este proceso puede llevar varios días o semanas, dependiendo de las políticas y tiempos de procesamiento del gobierno.

5. Una vez obtenido el RUC, se deberá mantener al día con las obligaciones fiscales correspondientes, como la presentación de declaraciones y pagos de impuestos, y mantener la información actualizada en todo momento. Cualquier cambio en la información del negocio o la actividad

económica debe ser notificado al gobierno para garantizar la exactitud y veracidad del registro.

En México, el Registro Federal de Contribuyentes (RFC) es el equivalente al Registro Único de Contribuyentes (RUC) en otros países, y es emitido por el Servicio de Administración Tributaria (SAT). El registro del RFC es gratuito y puede hacerse en línea o en una oficina del SAT. Las empresas que deseen solicitar un RFC también deben obtener antes una firma electrónica, que tiene un costo que va desde los $375 a los $1,720 pesos mexicanos, dependiendo del tipo de persona que la solicite (física o moral) y de la vigencia de la firma (uno o tres años). Además, es importante tener en cuenta que el cumplimiento de las obligaciones fiscales puede conllevar el pago de impuestos y sanciones, dependiendo del régimen al que esté sujeta la empresa.

Se recomienda verificar los requisitos específicos de registro ante el SAT para conocer los costos y obligaciones fiscales correspondientes.

- Permiso de uso de suelo: es importante tener el permiso de uso de suelo para establecer un local comercial o industrial en el lugar deseado.

Los pasos y razones para sacar una licencia de uso de suelo en México varían dependiendo del municipio o la ciudad donde se ubique el negocio, pero en general, se pueden considerar los siguientes pasos:

1. Identificar la ubicación exacta del negocio y verificar el tipo de uso de suelo permitido en la zona. Esto se puede hacer consultando el Plan de Desarrollo Urbano y Sustentable del municipio o ciudad correspondiente.

2. Obtener y completar los formularios de solicitud de la licencia de uso de suelo, que pueden variar según el municipio.

3. Recopilar la documentación necesaria, como escrituras de propiedad, planos, autorizaciones de la Policía y Protección Civil, entre otros.

4. Presentar la solicitud y documentación requerida ante la autoridad municipal encargada de emitir la licencia.

5. Pagar las tarifas correspondientes por la licencia de uso de suelo.

6. Esperar la revisión y aprobación de la solicitud por parte de la autoridad municipal.

7. Recoger la licencia de uso de suelo una vez que se haya aprobado la solicitud.

Razones:

- La licencia de uso de suelo es un requisito legal obligatorio para la operación de negocios en ciertas zonas de las ciudades y municipios en México.

- La licencia de uso de suelo garantiza que el negocio está en conformidad con las leyes de zonificación y uso de suelo locales, y que cumple con los requerimientos de seguridad y protección civil.

- La licencia de uso de suelo puede servir como una prueba para la obtención de otros permisos y autorizaciones necesarios para la operación del negocio, como permisos de construcción, licencias de funcionamiento y autorizaciones de impacto ambiental.

- La obtención de la licencia de uso de suelo demuestra el compromiso del negocio con el cumplimiento de las normas y regulaciones, lo que puede generar confianza y credibilidad ante los clientes, proveedores y autoridades.

Los costos de solicitar una licencia de uso de suelo en México varían en función del municipio o la ciudad donde se encuentra el negocio, así como del tipo de actividad y las dimensiones del inmueble. Generalmente, el costo de la solicitud de licencia de uso de suelo puede incluir los siguientes conceptos:

1. Pago de derechos o tarifas por la solicitud de la licencia de uso de suelo. Estas pueden variar según el municipio o la ciudad, y pueden depender del tipo de actividad y las dimensiones del inmueble.

2. Pago por la consulta del Plan de Desarrollo Urbano y Sustentable, que se requiere para conocer el uso de suelo permitido en la zona.

3. Honorarios técnicos, que pueden incluir la elaboración de documentos técnicos que avalen la conformidad de la actividad con la zonificación, los planos y los proyectos.

Es importante que los costos de solicitar una licencia de uso de suelo varíen por municipio o ciudad, por lo que es recomendable contactar con la oficina local para conocer los detalles específicos.

- Registro de marca: si la empresa desea utilizar un nombre o marca específica, es necesario registrarlo ante el Instituto Mexicano de la Propiedad Industrial (IMPI).

- Para registrar una marca en México se deben considerar los siguientes elementos y formas de registro:

- Elementos de la marca: se deben definir los elementos que formarán parte de la marca, como el nombre, logotipo, lema y otros elementos distintivos que identifiquen a la empresa o producto.

- Clasificación de Niza: se debe seleccionar la clase de productos o servicios en la que se utilizará la marca para su registro de acuerdo con la Clasificación Internacional de Niza para el Registro de Marcas.

- Búsqueda previa de la marca: se debe realizar una búsqueda en el Instituto Mexicano de la Propiedad Industrial (IMPI) para comprobar que la marca no ha sido registrada antes por otra empresa o persona.

- Solicitud de registro: se debe presentar la solicitud de registro de marca ante el IMPI, la cual debe contener la información del titular de la marca, la descripción de la marca, la clase de productos o servicios, la autorización para el uso de la marca y los datos del representante legal.

- Examen de fondo y publicación: el IMPI realizará un examen de fondo para determinar si la marca cumple con los requisitos legales, en caso de que apruebe la solicitud, procederá a su publicación en el Diario Oficial de la Federación.

- Oposición y Registro: durante los treinta días siguientes a la publicación, cualquier persona puede oponerse al registro de la marca, si no hay oposición, el IMPI procederá a registrar la marca.

- Protección: una vez registrado, el titular de la marca tendrá protección legal y derecho a usar su marca registrada durante diez años, renovable por periodos iguales.

Es importante señalar que existen diferentes formas de registro de marca en México, que incluyen el registro nacional, el registro multiclase, el registro internacional y la figura del registro de marca colectiva. Cada una de ellas implica procedimientos específicos y requisitos adicionales a considerar. Se recomienda consultar con un abogado especialista en propiedad industrial para realizar un registro exitoso.

- Afiliación al Instituto Mexicano del Seguro Social (IMSS): es obligatorio para las empresas afiliarse al IMSS y registrar a todos sus empleados.

Para la afiliación al Instituto Mexicano del Seguro Social (IMSS) como empresario o empresa, se deben considerar los siguientes elementos:

1. Registro Federal de Contribuyentes (RFC): es necesario contar con la inscripción en el RFC para poder afiliarse al IMSS.

2. Identificación oficial: se debe presentar una identificación oficial, como la credencial de elector, pasaporte o cédula profesional.

3. Comprobante de domicilio: es necesario presentar un comprobante de domicilio actualizado para realizar la afiliación al IMSS.

4. Acta constitutiva: en caso de que la empresa cuente con una sociedad, se debe presentar el acta constitutiva y los cambios en la misma.

5. Documentación contable y financiera: para la afiliación al IMSS, es necesario presentar los estados financieros de la empresa, como el balance general y el estado de resultados.

6. Registro patronal: se debe obtener un registro patronal ante el IMSS, el cual identifica a la empresa y se utiliza para llevar el control de los trabajadores y las aportaciones.

7. Aportaciones: debe realizarse un pago de aportaciones al IMSS, que se calcula en función del salario de los trabajadores y de la actividad económica de la empresa.

Es importante considerar que la afiliación al IMSS como empresario o empresa está regulada por la Ley del Seguro Social, y que existen diferentes modalidades de afiliación, como la obligatoria para empresas con trabajadores, la voluntaria para empresarios o comerciantes con empleados o sin ellos, y la afiliación por asimilación para ciertos sectores. Cada una de estas modalidades implica procedimientos específicos y requisitos adicionales a considerar.

Se recomienda buscar información más detallada en la página web del IMSS y/o contactar a un agente del IMSS para hacer una afiliación satisfactoria.

VII

Lanzamiento y desarrollo de la empresa

El lanzamiento y desarrollo de una empresa o negocio en México es crucial para su éxito a largo plazo, ya que permite establecer una base sólida para la operación de la empresa a través del tiempo. Algunas de las razones por las que el lanzamiento y desarrollo son importantes en México son las siguientes:

- Establece una presencia en el mercado: el lanzamiento de una empresa o negocio en México permite a la empresa establecer una presencia en el mercado, lo que puede generar un flujo constante de clientes y ventas.

- Crea una base de clientes: durante el proceso de desarrollo de la empresa, se pueden identificar y atender las necesidades de los clientes, lo que puede aumentar la satisfacción del cliente y generar una base leal de clientes a largo plazo.

- Genera ingresos: el lanzamiento y el desarrollo de la empresa pueden generar nuevos ingresos a través de la venta de productos o servicios, lo que puede ayudar a cubrir los costos iniciales y hacer que la empresa sea rentable.

- Fomenta el crecimiento empresarial: el desarrollo de una estrategia empresarial sólida y una cultura organizacional pueden fomentar el crecimiento empresarial y le permitirán competir de manera efectiva en el mercado mexicano.

- Establece una ventaja competitiva: mediante el lanzamiento de una empresa o negocio en México, es posible establecer una ventaja competitiva efectiva, mediante la diferenciación de la oferta de la empresa, la mejora de los procesos y la oferta de precios competitivos.

1. Acción de marketing

Una acción de marketing es cualquier acción, plan o estrategia diseñada para promocionar un producto o servicio y persuadir a los consumidores a comprarlo. El marketing incluye publicidad en medios tradicionales como televisión, radio o prensa, así como medios digitales como redes sociales, correo electrónico y marketing de contenido. Su objetivo es generar interés en el producto o servicio y, en última instancia, aumentar las ventas.

Estrategias de marketing en México:

1. Marketing digital: en la era digital, es importante tener una fuerte presencia en línea. El marketing digital permite a las empresas llegar a un público más amplio; medir y analizar el éxito de sus campañas.

2. Publicidad en medios tradicionales: la publicidad en televisión, radio y periódicos sigue siendo una forma efectiva de llegar a audiencias más amplias, en especial a aquellos que no están en línea.

3. Influencer marketing: el uso de personas influyentes en redes sociales para promocionar productos o servicios ha ganado popularidad en México en los últimos años. los influencers pueden ayudar a crear conexiones auténticas con los consumidores.

4. Promociones: las promociones y descuentos son una excelente forma de atraer y fidelizar a los clientes. Las promociones atractivas y bien diseñadas pueden aumentar el tráfico en las tiendas y en línea.

5. Eventos y activaciones de marca: los eventos y activaciones de marca pueden generar interacción directa con los consumidores y permite a las empresas crear una experiencia memorable y diferenciada.

6. Marketing de contenido: crear contenido relevante, como blogs, videos y redes sociales, esto puede aumentar el alcance y la interacción de la marca, convirtiendo a los consumidores en fieles seguidores.

7. Marketing de relaciones públicas: implica interactuar con los medios de comunicación y otros influenciadores clave y puede ayudar a aumentar la visibilidad y la reputación de la empresa.

Ejemplos de empresarios mexicanos y su estrategia de marketing inusual:

Grupo Modelo y el marketing viral con la Ley Seca de Chihuahua

En el 2010, la ciudad de Chihuahua implementó una ley seca que prohibía la venta de alcohol durante 48 horas. Grupo Modelo, la compañía cervecera mexicana, aprovechó la situación para lanzar una campaña viral de marketing en las redes sociales, creando imágenes de botellas de cerveza tapadas con papel higiénico y etiquetadas con las palabras "Ley Seca", como si fueran productos ilegales. La campaña fue un gran éxito y generó una gran cantidad de conversaciones en línea.

Ciel y su campaña de "Un techo para mi país"

En 2013, la compañía de agua Ciel lanzó una campaña de publicidad en línea en la que se comprometió a donar una botella de agua por cada persona que participara en la campaña "Un techo para mi país", que tenía como objetivo construir casas para personas en situación de pobreza extrema. La campaña no sólo ayudó a construir casas, sino que también mejoró la percepción pública de la marca.

V&V Supremo y su estrategia de marketing de realidad aumentada

La compañía mexicana de productos lácteos V&V Supremo sorprendió a los clientes en una feria de alimentos al lanzar una aplicación de realidad aumentada que permitía a los clientes interactuar con los productos y aprender más sobre las recetas. La tecnología aumentada ayudó a la compañía a destacar entre la competencia y ofrecer una experiencia memorable a los clientes.

Grupo Aeroportuario del Pacífico y la campaña de "Toc Toc, ¿quién está en la puerta?"
El Grupo Aeroportuario del Pacífico lanzó en 2019 una campaña publicitaria en la que los empleados salieron a los barrios cercanos a los aeropuertos para ofrecer premios a los residentes que respondieran correctamente la pregunta "¿Quién está en la puerta?". La campaña destacó la importancia de tener una marca cercana y accesible a los consumidores, ayudando a mejorar la reputación pública de la empresa.

OXXO y su estrategia de marketing omnicanal
OXXO, la tienda de conveniencia mexicana, ha implementado una estrategia de marketing omnicanal que incluye ventas en línea, envío a domicilio y opciones de pago móvil. La compañía ha integrado su estrategia de marketing digital con su red física de tiendas, lo que les ha permitido ofrecer una experiencia de compra más conveniente y accesible a sus clientes.

Cemex y su campaña "Build the Wall"

Cemex, la compañía de materiales de construcción mexicana, lanzó en 2019 una campaña publicitaria llamada "Build the Wall", que promovía la construcción de un muro en la frontera entre México y Estados Unidos. La campaña fue considerada polémica y arriesgada, pero también generó una gran cantidad de atención en los medios y en las redes sociales.

Chedraui y su estrategia de marketing personalizada

Chedraui, la cadena de supermercados mexicana, ha implementado una estrategia de marketing personalizada que utiliza datos del comportamiento del consumidor para ofrecer promociones y descuentos personalizados. La compañía también ha desarrollado una aplicación móvil que permite a los consumidores hacer compras en línea y utilizar cupones digitales.

Bacardí y su campaña "Hermanos"

Bacardí, la compañía de bebidas espirituosas, lanzó una campaña publicitaria llamada "Hermanos" en la que destacaba la historia de los fundadores inmigrantes cubanos de la marca. La campaña no sólo ayudó a fomentar la lealtad de la marca, sino que también destacó la importancia del compromiso social de la empresa con la comunidad latina.

Telcel y su estrategia de patrocinios deportivos y culturales
Telcel, la compañía de servicios de telecomunicaciones mexicana, ha utilizado una estrategia de patrocinios deportivos y culturales para aumentar la visibilidad y el reconocimiento de la marca. La empresa ha patrocinado eventos deportivos como la Fórmula 1 y al equipo de fútbol Chivas, así como eventos culturales como el Festival Internacional Cervantino de Guanajuato.

Bimbo y su programa de economía circular
Bimbo, la compañía de panificación mexicana, lanzó en 2019 un programa de economía circular que busca reducir los residuos de envase y fomentar el reciclaje. La estrategia de marketing se centró en la importancia del cuidado del medio ambiente y la responsabilidad social empresarial. La campaña fue bien recibida y aumentó la percepción positiva de la marca entre los consumidores.

Grupo Salinas y su estrategia de diversificación
Grupo Salinas, el conglomerado mexicano, ha utilizado una estrategia de diversificación para expandir sus oportunidades de negocio. La compañía ha adquirido empresas en diversos sectores, incluyendo medios de comunicación, servicios financieros y ventas minoristas.

Esta estrategia ha ayudado a Grupo Salinas a aumentar su presencia en el mercado y a diversificar sus ingresos.

Jugos Del Valle y su campaña de publicidad con la fruta "espeluznante"

Jugos Del Valle, la compañía mexicana de jugos de frutas lanzó una campaña publicitaria en la que se presentaban frutas con una apariencia "espeluznante" y poco convencional. La campaña destacaba la importancia de ver más allá de las apariencias y valorar la calidad y el sabor de los productos. La campaña fue un éxito y generó una gran cantidad de interacción en las redes sociales.

Grupo Bimbo y su campaña de publicidad con niños vestidos como empresarios

Grupo Bimbo, la compañía de panificación, lanzó una campaña publicitaria en 2018 en la que se presentaban a niños vestidos como empresarios. La campaña tenía como objetivo destacar la importancia de fomentar la creatividad y el espíritu empresarial entre los niños. La campaña generó una gran cantidad de interacción en las redes sociales y aumentó la visibilidad de la marca.

Cinépolis y su programa cultural "Cinépolis Arte"

Cinépolis, la cadena de cines mexicana, ha utilizado su programa cultural "Cinépolis Arte" para atraer a un público más amplio y ofrecer experiencias únicas a los clientes. El programa destaca películas independientes, documentales y clásicos del cine, así como óperas y obras de teatro en vivo. Esta estrategia ayudó a Cinépolis a diferenciarse de la competencia y ofrecer una oferta única en el mercado.

Audi y su campaña publicitaria contra los estereotipos de género

En 2016, la compañía de automóviles Audi lanzó una campaña publicitaria en México en la que se presentaba a una niña conduciendo un auto de juguete. La campaña tenía como objetivo desafiar los estereotipos de género y fomentar el empoderamiento de las mujeres. La campaña fue bien recibida y ayudó a posicionar a Audi como una empresa progresista e innovadora en la industria automotriz.

Grupo AXO y su estrategia de colaboración con diseñadores de moda

Grupo AXO, el distribuidor de marcas de moda en México, ha utilizado una estrategia de colaboración con diseñadores de moda para ofrecer productos exclusivos y diferenciados en el mercado. La compañía ha colaborado con diseñadores mexicanos e internacionales para crear colecciones especiales de ropa y accesorios para sus tiendas. Esta estrategia ha ayudado a Grupo AXO a destacarse en un mercado altamente competitivo.

Televisa y su estrategia de "transmedia storytelling"

Televisa, la compañía de medios de comunicación mexicana, ha utilizado una estrategia de "transmedia storytelling" (narrativas transmedia) para contar historias que se desarrollan en diferentes medios y plataformas. La estrategia ha sido utilizada en producciones como "El señor de los Cielos" y "La Reina del Sur", donde se han integrado elementos como redes sociales, aplicaciones móviles y eventos en vivo para involucrar a los espectadores en la historia.

Banorte y su campaña publicitaria de "Mamá te quiere"

Banorte, el grupo financiero mexicano, lanzó una campaña publicitaria en la que se presentaba a una madre que utiliza los servicios en línea de la compañía para cuidar de su hijo. La campaña destacaba la importancia del cuidado y la protección de los seres queridos, y fue muy bien recibida por el público.

Grupo Lala y su campaña de "Bajo en grasa, alto en sabor"

Grupo Lala, la compañía de productos lácteos mexicana, lanzó una campaña publicitaria en la que se presentaba una variedad de productos bajos en grasa que mantenían su sabor delicioso. La campaña destacaba la importancia de una alimentación equilibrada y saludable, y ayudó a Grupo Lala a aumentar la visibilidad de sus productos saludables.

Grupo Carso y su estrategia de inversión en infraestructura

Grupo Carso, el conglomerado mexicano propiedad de Carlos Slim, ha utilizado una estrategia de inversión en infraestructura para diversificar sus oportunidades de negocio. La compañía ha invertido en proyectos como carreteras, aeropuertos y telecomunicaciones, lo que les ha permitido expandir su presencia en diferentes sectores y mercados. La estrategia ha demostrado ser exitosa y ha ayudado a Grupo Carso a mantener una posición sólida en el mercado.

Ejemplos de empresarios mexicanos y su estrategia de marketing inusual con pequeñas empresas:

La Cocinita de San Juan y su estrategia de marketing a través de redes sociales
La Cocinita de San Juan es un pequeño negocio de comida en Guadalajara que ha utilizado las redes sociales para promocionar sus productos y atraer la atención de un público más amplio. La empresa pública regularmente fotos y videos de sus platillos y clientes en Instagram y Facebook, creando una comunidad en línea y generando un flujo constante de visitas a su establecimiento.

Café de Olla y su estrategia de marketing colaborativo
Café de Olla es una pequeña empresa de café en la Ciudad de México que ha utilizado una estrategia de marketing colaborativo para generar lealtad y mejorar su reputación. La empresa ha colaborado con otros negocios locales para crear promociones y eventos conjuntos, lo que les ha permitido construir relaciones sólidas con sus clientes y aumentar su alcance en la comunidad.

Howlita Studio y su campaña de Kickstarter
Howlita Studio es una pequeña empresa de joyería en Guadalajara que utilizó una campaña de Kickstarter para financiar su línea de productos de lujo. La empresa creó una campaña convincente y ofreció incentivos exclusivos a sus contribuidores, lo que les permitió alcanzar

su objetivo de financiamiento y ayudó a mejorar su reputación en la industria.

Prinktoner y su estrategia de marketing enfocada en la sustentabilidad

Prinktoner es una pequeña empresa de cartuchos de tinta y tóner en la Ciudad de México que ha utilizado una estrategia de marketing enfocada en la sustentabilidad para atraer a un público más consciente del medio ambiente. La empresa ha diseñado cartuchos y tóner reutilizables, y ha utilizado materiales reciclados y biodegradables en su producción. La estrategia ha ayudado a Prinktoner a diferenciarse de la competencia y a ganar una reputación positiva entre los consumidores.

Nómada Café ecológico y su estrategia de marketing de experiencias

Nómada Café ecológico es un pequeño negocio de café en Oaxaca que ha utilizado una estrategia de marketing de experiencias para crear una conexión auténtica con sus clientes. La empresa ofrece productos de comercio justo y utiliza ingredientes orgánicos y ecológicos, creando una experiencia única y respetuosa con el medio ambiente. Además, la empresa organiza eventos culturales y festivales de música en su establecimiento para crear un ambiente dinámico y atractivo.

Churro Bros. y su estrategia de marketing de influencers locales

Churro Bros. es un pequeño negocio de churros en Tijuana que ha utilizado una estrategia de marketing de influencers locales para aumentar su visibilidad en la comunidad. La empresa ha colaborado con bloggers y personalidades locales en las redes sociales para promocionar sus productos y aumentar el compromiso con sus clientes. La estrategia ha funcionado especialmente bien en Instagram, donde la empresa promueve fotos y videos de sus productos con la ayuda de los influencers locales.

Tierra de hombres y su estrategia de marketing social

Tierra de hombres es una pequeña empresa social en San Cristóbal de las Casas que ha utilizado una estrategia de marketing enfocada en su misión de responsabilidad social. La empresa trabaja para apoyar a los niños en necesidad en la región a través de proyectos de educación, salud y bienestar. La estrategia de marketing ha ayudado a la empresa a ganar apoyo de la comunidad y a mejorar la imagen de su marca.

MTS Vending y su estrategia de marketing tecnológico

MTS Vending es una pequeña empresa de venta de snacks y bebidas en la Ciudad de México que ha utilizado una estrategia de marketing tecnológico para mejorar la experiencia del cliente. La empresa ha utilizado tecnología de automatización para mejorar la eficiencia de sus procesos, y ha invertido en una aplicación móvil que permite a los clientes comprar productos y recibir descuentos y promociones exclusivas. La estrategia ha ayudado a la empresa a diferenciarse de la competencia y a atraer a un público más joven y tecnológicamente avanzado.

Mariscos y Bar Dos Patos y su estrategia de marketing de lealtad

Mariscos y Bar Dos Patos es un pequeño negocio de mariscos en Rosarito que ha utilizado una estrategia de marketing de lealtad para atraer y mantener a sus clientes. La empresa ofrece descuentos exclusivos a clientes frecuentes, y ha creado una cultura de comunidad y amistad en su establecimiento. La estrategia ha ayudado a la empresa a mejorar su reputación y a generar un flujo constante de clientes leales.

Bureaucratie y su estrategia de marketing de moda sustentable

Bureaucratie es una pequeña empresa de moda en Monterrey que ha utilizado una estrategia de marketing de moda sustentable para atraer a un público más consciente del medio ambiente. La empresa utiliza materiales orgánicos y reciclados en su producción, y colabora con organizaciones que promueven la moda sostenible. La estrategia ha atraído a un público comprometido con la causa y ha ayudado a la empresa a mejorar su posición en la industria.

Generika y su estrategia de marketing de precios bajos

Generika es una pequeña empresa farmacéutica en México que ha utilizado una estrategia de marketing de precios bajos para atraer a un público más amplio. La empresa ofrece medicamentos genéricos a precios mucho más bajos que las marcas de medicamentos populares, lo que les ha permitido ganar una posición sólida en el mercado y ganar la lealtad de los clientes.

Vásquez Licores y su estrategia de marketing de productos premium

Vásquez Licores es una pequeña empresa de licores en Guadalajara que ha utilizado una estrategia de marketing de productos premium para diferenciarse de la competencia y atraer a un público más sofisticado. La empresa ofrece una selección cuidadosa de los mejores vinos y licores de todo el mundo, y ha creado una experiencia de compra exclusiva en su establecimiento.

Chiquitratitos y su estrategia de marketing de productos 100% orgánicos

Chiquitratitos es una pequeña empresa de comida para bebés en la Ciudad de México que ha utilizado una estrategia de marketing de productos 100% orgánicos para atraer a un público más consciente de la alimentación saludable. La empresa utiliza ingredientes naturales y orgánicos en sus productos para bebés y ha ganado una reputación positiva entre las madres que buscan alimentos saludables y seguros para sus hijos.

La Lija y su estrategia de marketing de productos locales

La Lija es una pequeña empresa de productos de limpieza en Puebla que ha utilizado una estrategia de marketing de productos locales para destacarse en la comunidad. La empresa utiliza ingredientes locales y tradicionales en sus productos de limpieza, y ha construido una identidad de marca centrada en la tradición local y la autenticidad.

2. Implementación de las operaciones diarias

La implementación de las operaciones diarias de marketing implica llevar a cabo las acciones propias y necesarias para cumplir con los objetivos y metas de la estrategia de marketing de casa empresa.

Estas operaciones incluyen:

- Creación y publicación de contenido en redes sociales: publicar contenido regularmente en las redes sociales es esencial para llegar a los clientes y potenciales clientes. Se deben crear publicaciones atractivas e informativas que promuevan los productos, servicios, promociones y valores de la marca.

- Email marketing: las campañas de email marketing son muy efectivas para llegar a una audiencia específica con un mensaje o promoción personalizados. La empresa debe enviar correos electrónicos regularmente a una lista de contactos y medir la tasa de apertura y conversión de cada correo enviado.

- Investigación de mercado: la investigación de mercado es fundamental para la toma de decisiones adecuadas en marketing. La empresa debe realizar encuestas, análisis de la competencia y análisis de tendencias para obtener información valiosa sobre los clientes y el mercado.

- Gestión y análisis de datos: la empresa debe recopilar y analizar datos de ventas, tráfico web y redes sociales para determinar qué estrategias de marketing están funcionando cuáles no.

- Gestión de la reputación en línea: la empresa debe monitorear su presencia en línea, gestionar y responder a las reseñas y comentarios en redes sociales, y garantizar una imagen coherente y positiva en línea.

- Publicidad y promoción: la empresa debe publicitar sus productos y promociones en línea y fuera de línea, y utilizar técnicas de marketing efectivas como SEO, SEM y PPC para maximizar la visibilidad y la generación de leads.

- Mantenimiento y actualización del sitio web: el sitio web es la cara de la empresa en línea. La empresa debe mantener el sitio web actualizado y asegurarse de que sea fácil de navegar y de usar para los usuarios.

- Gestión de eventos: la empresa debe organizar y gestionar eventos especializados y promociones para aumentar la visibilidad y el compromiso de los clientes.

- Colaboraciones y patrocinios: la empresa debe buscar oportunidades de colaboración y patrocinios con otras empresas, organizaciones y eventos que pueden ayudar a promover su marca y aumentar su exposición.

- Evaluación y ajuste de la estrategia: finalmente, la empresa debe evaluar regularmente los resultados de sus esfuerzos y ajustar su estrategia según sea necesario para lograr los objetivos y metas establecidos. Esto implica revisar las estadísticas, analizar los resultados y hacer cambios en la estrategia para mejorar el rendimiento y los resultados generales del marketing.

En resumen, para implementar efectivamente las operaciones diarias de marketing, la empresa debe estar al tanto de las últimas tendencias del mercado, ser innovadora y creativa para estar en sintonía con los clientes y ofrecer una experiencia de marketing sobresaliente y coherente en todos los canales posibles.

La implementación de las operaciones diarias de marketing puede traer varios beneficios fiscales para la empresa, incluyendo:

- Deducción de gastos de publicidad: los gastos de publicidad se pueden deducir de los ingresos brutos de la empresa al calcular el impuesto sobre la renta. Esto incluye los gastos en redes sociales, email marketing, publicidad pagada, entre otros.

- Deducción de gastos de investigación de mercado: los gastos relacionados con la investigación de mercado, como las encuestas y análisis de tendencias, se pueden deducir de los ingresos brutos de la empresa al calcular el impuesto sobre la renta.

- Deducción de gastos en promociones y eventos: la empresa puede deducir los gastos relacionados con la organización de eventos promocionales, como la renta de espacios, publicidad, entre otros. Los gastos se pueden deducir de los ingresos brutos de la empresa al calcular el impuesto sobre la renta.

- Incentivos fiscales para la inversión en investigación y desarrollo (I+D): el gobierno mexicano ofrece incentivos fiscales para las empresas que invierten en investigación y desarrollo. Estos incentivos incluyen deducciones y créditos fiscales, lo que podría aplicar si la empresa está desarrollando tecnología innovadora para instrumentar nuevas e innovadoras estrategias en su campaña de marketing.

- Créditos fiscales para empresas nuevas o pequeñas: las empresas nuevas o pequeñas pueden obtener créditos fiscales para ayudar a financiar sus operaciones y crecimiento, lo que podría incluir actividades relacionadas con el marketing.

Es importante que las empresas consulten con un asesor fiscal para entender completamente los beneficios fiscales asociados con la implementación de las operaciones diarias de marketing y cómo estos beneficios se aplican a su situación particular.

3. Desarrollo de un plan de crecimiento sostenible

Para desarrollar un plan de crecimiento sostenible de marketing en México, se deben seguir los siguientes pasos:

1. Definir los objetivos de marketing: identificar los objetivos específicos de marketing, esto puede incluir aumentar las ventas, mejorar el reconocimiento de marca, aumentar la participación del mercado, mejorar la lealtad de los clientes, entre otros.

2. Analizar el mercado: realizar un análisis de mercado para comprender mejor la competencia, cómo se puede diferenciar la empresa de los demás y comprender a los clientes objetivo. Esta etapa permitirá identificar tendencias, problemas, oportunidades, fortalezas y debilidades que podrán guiar la estrategia.

3. Definir la propuesta de valor: una propuesta de valor clara define por qué los clientes deberían elegir su empresa en lugar de la competencia. Por lo tanto, debe ser definida con claridad y estar respaldada por el beneficio que brindará a los clientes.

4. Identificar el presupuesto de marketing: definir el presupuesto necesario para llevar a cabo la estrategia de marketing.

5. Crear una estrategia de marketing: desarrollar una estrategia de marketing que incluya:

    1. Identificar los puntos de contacto con los clientes

    2. Definir los canales de marketing requeridos (redes sociales, publicidad en línea, eventos)

3. Desarrollar una estrategia creativa para los mensajes de marketing

4. Establecer los objetivos específicos para cada canal.

6. Implementar la estrategia y realizar un seguimiento: implementar la estrategia y realizar un seguimiento constante. Monitorear los resultados, métricas y enfocarse en los aspectos que necesiten mejorar.

7. Adaptar y cambiar según sea necesario: a medida que se avanza en la implementación de la estrategia, puede haber necesidad de adaptarla y mejorarla según sea necesario.

Es importante tener en cuenta que un plan de marketing no es una tarea unidimensional, sino que implica la realización de diversas acciones en paralelo. Se debe estar siempre actualizando y adaptando

En general, se recomienda cambiar la estrategia de marketing en los negocios en los siguientes casos:

- Cambio en la demanda o necesidades de los consumidores: si los clientes cambian sus preferencias o necesidades, la estrategia de marketing debe adaptarse a estas nuevas tendencias.

- Cambios en el mercado o la competencia: si aparecen nuevos competidores en el mercado o si hay cambios significativos en el sector, puede ser necesario revisar la estrategia de marketing para mantenerse competitivo.

- Estancamiento o disminución de las ventas: si las ventas no están alcanzando los objetivos esperados, es posible que sea necesario revisar y ajustar la estrategia de marketing para estimular el crecimiento de las ventas.

- Cambios en los objetivos empresariales: si los objetivos de la empresa cambian, como la entrada a nuevos mercados o la diversificación de productos o servicios, la estrategia de marketing debe ajustarse para reflejar estos cambios.

- Cambios en la tecnología: si los avances tecnológicos cambian la forma en que los consumidores compran o interactúan con las empresas, la estrategia de marketing debe adaptarse a estas nuevas tecnologías.

- En resumen, se recomienda cambiar la estrategia de marketing en los negocios cuando hay cambios significativos en la demanda, la competencia, las ventas, los objetivos empresariales o la tecnología.

Es importante estar atento a estos cambios y ser proactivo en la revisión y ajuste de la estrategia de marketing para mantenerse competitivo en el mercado.

VIII

Resumen de los puntos clave

Para hacer un emprendimiento exitoso, se deben tener en cuenta varios puntos clave. Algunos de ellos son:

- Identificar una idea de negocio exitosa y viable: buscar oportunidades de negocio en el mercado y evaluar las necesidades insatisfechas de los clientes.

- Elaborar un plan de negocios: es fundamental tener un plan que detalle la estructura, los objetivos, la estrategia y la gestión financiera del negocio.

- Desarrollar una estrategia de marketing efectiva: identificar y llegar a los clientes potenciales mediante canales de publicidad, marketing en línea, entre otros.

- Obtener financiamiento: buscar opciones de financiamiento adecuadas para cubrir el capital inicial y operativo del negocio.

- Administrar eficientemente los recursos: gestionar de forma eficiente los recursos disponibles para maximizar el potencial de éxito del negocio y mantener un equilibrio entre los ingresos y gastos.

- Cumplir con la normativa y legalidad requerida: cumplir con los requerimientos legales, fiscales y normativos pertinentes.

- Mantener una mentalidad emprendedora: ser perseverante y estar abiertos a la innovación y el cambio para adaptarse a las necesidades cambiantes del mercado y mantenerse competitivos a largo plazo.

En resumen, para hacer un emprendimiento exitoso es importante tener una idea de negocio viable y eficaz, elaborar un plan de negocios, desarrollar una estrategia de marketing efectiva, obtener financiamiento, administrar eficientemente los recursos, cumplir con la normativa y mantener una mentalidad emprendedora. Al seguir estos puntos clave, los emprendedores pueden maximizar su éxito en el mercado y mantener un crecimiento sostenible.

1. Consejos finales para el emprendimiento

Emprender en México puede ser un desafío, pero con los consejos adecuados, se puede lograr el éxito. Algunos de los consejos esenciales para emprender en México son los siguientes:

- Identifica tu mercado objetivo: analiza las necesidades de un público en particular y desarrolla productos o servicios para satisfacer esas necesidades.

- Sigue la legalidad pertinente: busca cumplir con las regulaciones y leyes aplicables a tu industria y negocio para evitar problemas legales.

- Obtén financiamiento adecuado: busca fondos en diferentes fuentes como inversionistas, créditos bancarios, o por parte de programas gubernamentales.

- Mantén un flujo de efectivo adecuado: implementa un control financiero estricto y eficaz para asegurarte de que siempre tengas el suficiente flujo de efectivo para cubrir las operaciones del negocio.

- Promueve tu negocio: desarrolla una estrategia de marketing sólida para atraer a los clientes, por ejemplo, mediante publicidad en redes sociales, eventos, promociones, entre otros.

- Capacítate constantemente: toma cursos, estudia tendencias en tu sector, y sé flexible a los cambios que se presentan en el mercado.

- Rodéate de personas con capacidades complementarias: Estos asociados pueden ayudarte a fortalecer tu negocio y cubrir tus debilidades.

En conclusión, emprender en México requiere de una buena planificación, control financiero, estrategias de marketing efectivas y cumplimiento legal para asegurar el éxito.

Mantente actualizado en tu sector, enriquece tu conocimiento y trabaja duro para lograr tus objetivos.

Epílogo

Querido lector,

A lo largo del libro he intentado resaltar las oportunidades y los desafíos que rodean a todos los emprendedores que son los valiente individuos que se atreven a poner sus sueños e ideas y las vuelven negocios rentables que apoyan la economía de nuestro país.

Uno de los pilares destacados en el espíritu emprendedor en México es la creatividad e innovación. Los emprendedores en México han demostrado una notable creatividad para encontrar soluciones creativas a los desafíos del día al día, así como para lanzar productos y servicios innovadores en varios sectores. A pesar de enfrentar los desafíos burocráticos, la falta de acceso a financiamiento y la competencia, el espíritu emprendedor en México ha florecido, impulsando a los emprendedores a buscar constantes oportunidades y a fortalecerse con las dificultades durante el proceso. Agregue una explicación del porque es un pilar Desde las ciudades cosmopolitas como Ciudad de México hasta las regiones rurales, la pasión y la determinación de los emprendedores son palpables en cada rincón. El país ha creado un ecosistema favorable, con programas de apoyo, incubadoras y financiamiento que han impulsado el crecimiento de este sector en los últimos años. Sin embargo, como en cualquier otro lugar del mundo, emprender en México no está exento de desafíos. La burocracia, la falta de acceso a capital, y la competencia son obstáculos que los emprendedores deben superar para alcanzar el éxito. Pero, a pesar de estos desafíos, vemos que la resiliencia y la creatividad de los emprendedores mexicanos son características que los distinguen.

No podemos pasar por alto el impacto positivo que los emprendedores tienen en la economía mexicana. A través de la creación de empleos, la generación de riqueza y la innovación, los emprendedores son motores clave en el crecimiento y desarrollo del país.

El emprendimiento en México es un tema de gran relevancia y promesa. Si tienes una idea, un sueño o una pasión, no dudes en lanzarte al mundo del emprendimiento.

Recuerda que en la vida existen límites pero los tuyos solo deben ser definidos por ti.

Gracias por acompañarnos en este recorrido y te deseo mucho éxito en tus futuras aventuras emprendedoras.

Con cariño,
Mstra. Alejandra Rangel Garcia

Lecturas recomendadas

I. El auge del emprendimiento

Evans, D. S., Jovanovic, B., & Prescott, E. C. (1989). Estimation of a model of entry in the presence of sunk costs. The Journal of Political Economy, 97(4), 808-827.

Gartner, W. B. (1985). A conceptual framework for describing the phenomenon of new venture creation. Academy of Management Review, 10(4), 696-706.

Shane, S. (2000). Prior knowledge and the discovery of entrepreneurial opportunities. Organization Science, 11(4), 448-469.

Baron, R. A. (2006). Opportunity recognition as pattern recognition: How entrepreneurs connect the dots to identify new business opportunities. Academy of Management Perspectives, 20(1), 104-119.

Sarasvathy, S. D. (2001). Causation and effectuation: Toward a theoretical shift from economic inevitability to entrepreneurial contingency. Academy of Management Review, 26(2), 243-263.

Drucker, P. F. (1985). Innovation and Entrepreneurship: Practice and Principles. HarperBusiness.

Blank, S., & Dorf, B. (2012). The Startup Owner's Manual: The Step-By-Step Guide for Building a Great Company. K&S Ranch.

Ries, E. (2011). The Lean Startup: How Today's Entrepreneurs Use Continuous Innovation to Create Radically Successful Businesses. Crown Publishing Group.

Chesbrough, H. (2003). Open Innovation: The New Imperative for Creating and Profiting from Technology. Harvard Business Review Press.

Christensen, C. M. (1997). The Innovator's Dilemma: When New Technologies Cause Great Firms to Fail. Harvard Business Review Press.

II. Preparándote para emprender

Cuevas, J. y Martínez, M. (2016). Emprender para cambiar el mundo. Ediciones Deusto.

Burns, P. (2017). Entrepreneurship and Small Business: Start-up, Growth and Maturity. Palgrave Macmillan.

Kuratko, D. F. (2016). Entrepreneurship: Theory, Process, Practice. Cengage Learning.

Hisrich, R. D., Peters, M. P., and Shepherd, D. A. (2016). Entrepreneurship. McGraw-Hill Education.

Clark, B. R. (2017). The Entrepreneurial Imperative: How America's Economic Miracle Will Reshape the World (and Change Your Life). Cognella Academic Publishing.

Shane, S. and Venkataraman, S. (2017). Entrepreneurship: A Process Perspective. Cengage Learning.

Katz, J. A. (2013). Teaching Entrepreneurship: A Practice-Based Approach. Edward Elgar Publishing.

Hedman, E. and Kalling, T. (2016). Entrepreneurship and Regional Development: Local Processes and Global Patterns. Edward Elgar Publishing.

Ramayah, T. and Palaniappan, R. (2016). Entrepreneurship: A Malaysian Perspective. McGraw-Hill Education.

Deakins, D., and Freel, M. (2017). Entrepreneurship and Small Firms. McGraw-Hill Education.

Andrews, K., and Delahaye, B. (2016). The SAGE Handbook of Corporate Governance. SAGE Publications.

Liñán, F., and Fayolle, A. (2015). Handbook of Research on Entrepreneurial Education. Edward Elgar Publishing.

Burns, P. (2016). Handbook of Research Methods on Entrepreneurship. Edward Elgar Publishing.

Alvarez, S. A., and Barney, J. B. (2016). Handbook of Entrepreneurship Research: An Interdisciplinary Survey and Introduction. Springer.

Brush, C. G., Edelman, L. F., and Manolova, T. S. (Eds.). (2016). Women entrepreneurs and the global environment for growth: A research perspective. Edward Elgar Publishing.

III. Conceptualización del negocio

Osterwalder, A., & Pigneur, Y. (2010). Business Model Generation: A Handbook for Visionaries, Game Changers, and Challengers. Wiley.

Chesbrough, H., & Rosenbloom, R. (2002). The role of the business model in capturing value from innovation: evidence from Xerox Corporation's technology spin-off companies. Industrial and Corporate Change, 11(3), 529-555.

Magretta, J. (2002). Why business models matter. Harvard Business Review, 80(5), 86-92.

Zott, C., Amit, R., & Massa, L. (2011). The business model: recent developments and future research. Journal of Management, 37(4), 1019-1042.

Demil, B., & Lecocq, X. (2010). Business model evolution: in search of dynamic consistency. Long Range Planning, 43(2-3), 227-246.

Wegner, D., & Baloch, F. (2014). Business Model Generation in Technology-Based Start-Ups: Conceptual Tool or Not? International Journal of E-Entrepreneurship and Innovation, 5(4), 1-12.

Teece, D. J. (2018). Business models and dynamic capabilities. Long Range Planning, 51(1), 40-49.

Johnson, M. W., Christensen, C. M., & Kagermann, H. (2008). Reinventing your business model. Harvard Business Review, 86(12), 50-59.

Casadesus-Masanell, R., & Zhu, F. (2013). Business model innovation and competitive imitation: The case of sponsor-based business models. Strategic Management Journal, 34(4), 464-482.

Chesbrough, H. (2007). Business model innovation: it's not just about technology anymore. Strategy & Leadership, 35(6), 12-17.

Osterwalder, A., Pigneur, Y., Bernarda, G., & Smith, A. (2014). Value proposition design: how to create products and services customers want. Wiley.

Johnson, M. W., Christensen, C. M., & Kagermann, H. (2006). Reinventing your business model. Harvard Business Review, 86(12), 57-68.

Teece, D. J. (2010). Business models, business strategy and innovation. Long Range Planning, 43(2-3), 172-194.

Linder, J., & Cantrell, S. (2001). Changing business models: surveying the landscape. Accenture Institute for Strategic Change.

Zott, C., & Amit, R. (2013). The business model: a theoretically anchored robust construct for strategic analysis. Strategic Management Journal, 34(5), 553-562.

Barragan, E. (2016). Modelos de negocios innovadores en México. EISTI, 25(1), 43-56.

Rosiles, L., & Pérez, G. (2014). Modelos de negocios exitosos en empresas mexicanas. AD-Minister, (26), 131-146.

Salamanca, J. M., & López, L. E. (2017). Modelo de negocios sostenibles en la industria turística en México. Revista Turismo y Desarrollo, (26), 109-120.

Maya, R., & García, E. (2019). Los modelos de negocios basados en el conocimiento en México: revisión y perspectivas. Revista Perspectivas Contemporáneas, 14(2).

Vázquez, M., & Hernández, G. (2015). Diseño y validación de un modelo de negocio en una microempresa de México. Innovaciones de negocios, 12(24), 265-280.

Ocampo, R., & González, A. (2016). Las startups y su contribución a los nuevos modelos de negocios en México. En XVII Congreso Internacional del CLAD sobre la Reforma del Estado y de la Administración Pública. Brasil.

Méndez, M., & Ramírez, E. (2017). La importancia de los modelos de negocios sociales en México. Investigación Administrativa, 46(114).

Duran, R. M., & Vizcaíno, R. (2018). Modelos de negocios en mandos medios del sector financiero en México. Innovar, 28(68), 41-58.

López, L. E., & Salamanca, J. M. (2018). Estrategias de modelos de negocios para la internacionalización de las pymes en México. Innovación, empresas y competitividad, 8(3), 53-69.

Pérez, J., Magadán, J., & Mendoza, J. (2015). Modelos de negocios digitales en la industria de la moda en México. Nodo, 2(4), 94-108.

Barajas, J. (2019). Modelos de negocios innovadores aplicados en las startups mexicanas. Revista Organizações em Contexto, 15(29), 113-136.

Ruiz, J. A., & Gutiérrez, M. (2019). El propósito de los modelos de negocios inclusivos en México. Prosodia, 13(1), 338-343.

Rodríguez, M., & Laguna, M. (2015). Modelos de negocios basados en la economía social en México. Economía social y solidaria, 9(1), 115-134.

Chávez, M., Blanco, A., & Rodríguez, R. (2017). Modelos de negocios y su relación con el crecimiento empresarial en México. Revista Innovar, 27(64), 19-36.

Galindo, V., & Orozco, H. (2017). Modelos de negocio en la industria de alimentos orgánicos en México. Perspectivas sociales, 19(1), 175-193.

López, N., & García, J. (2018). Modelos de negocio de las empresas sociales en México. Economía social y solidaria, 12(1), 71-87.

García, M., & Nava, N. (2019). Modelos de negocios disruptivos en la industria automotriz de México. Ciencias Administrativas, 22(1), 44-56.

Zúñiga, M., Zamora, J., & Villavicencio, J. (2015). Modelos de negocios y emprendimiento en México. INNOVAGRI, 1(2), 104-122.

Mendoza, J., & Velázquez, R. (2017). Modelos de negocio basados en la tecnología en México. Bases, 11(1), 141-160.

Olvera, A., & Torres, R. (2016). Modelos de negocios basados en la responsabilidad social en México. Multidisciplinary Journal of Educational Research, 6(2), 213-228.

López, E., & Pérez, G. (2016). Modelos de negocio circulares en la industria textil en México. Revista Ingeniería Industrial, 37(2), 170-180.

García, L., & Méndez, M. (2017). Modelos de negocios en la industria del turismo comunitario en México. Revista Turismo y Sociedad, 20(1), 93-118.

Hernández, G., & Vázquez, M. (2018). Modelos de negocios digitales en el sector agrícola en México. Revista Observatorio de la Economía Latinoamericana, 254.

Pérez, M., & Salcedo, O. (2017). Modelos de negocio de empresas de base tecnológica en México. Desarrollo & Gestión, (31).

Rios, J., & Hernández, H. (2019). Modelos de negocios sustentables en la industria hotelera de México. Revista Interdisciplinar de Gestão Social, 8(1), 157-172.

González, C., & Mendoza, J. (2017). Modelos de negocios en la industria del cine independiente en México. Revista INCREA, 5(2), 153-167.

Coria, N., & Hernández, P. (2019). Modelos de negocios en el sector salud en México. Espacios, 40(48).

Juárez, V., & Rangel, V. (2019). Modelos de negocios en la industria de la música en México. Observatorio de la Economía Latinoamericana, 219.

Estrada, M., & Carballo, E. (2018). Modelos de negocio en la industria turística de México. Urbe, Revista Brasileira de Gestão Urbana, 10(2), 236-248.

Sánchez, L., & Gutiérrez, J. (2019). Modelos de negocios en la cadena de valor de la comida rápida en México. Revista Venezolana de Gerencia, 24(88), 92-110.

IV. Diseñando tu plan de negocios

Guzmán, J. L., & Soto, D. M. (2018). El plan de negocios como herramienta para el emprendimiento en México. Revista Pensamiento y Gestión, (45), 48-69.

Treviño, E., & Salazar, M. (2017). Análisis de los Planes de Negocio en Emprendedores de Base Tecnológica en México. Abante, 20(1), 73-92.

González, A., & Haro, C. (2015). Construcción de planes de negocios sustentables en México: aspectos clave y mejores prácticas. Innovar, 25(57), 23-36.

Morales, E. A., & Alcántara, I. (2016). Análisis y evaluación de los planes de negocios en el Estado de México. Estudios de Economía Aplicada, 34(3), 897-918.

Soto, D. M., & Castillo, Y. (2019). Importancia y análisis del plan de negocios en los emprendimientos de base tecnológica en México. Contaduría y Administración, 64(2), 1-21.

Ramos, A. G., & de la Rosa, J. J. (2018). Una propuesta para diseñar un plan de negocios para pymes en México. Revista Desafío Empresarial, 3(1), 91-104.

Soto, D. M. (2016). Evaluación de los planes de negocio de las microempresas en el estado de Veracruz, México. Investigación en Educación Médica, 5(18), 269-273.

Velasco, M. S., & Tovilla, V. M. (2018). Evaluación de planes de negocio en microempresas de Chiapas, México. Contaduría y Administración, 63(1), 214-232.

Valdez, O. E., & Rodríguez, F. G. (2017). Planes de negocio en emprendedores: una revisión de los casos mexicanos en la banca de desarrollo. Revista Internacional de Investigación en Ciencias Sociales, 13(1), 75-88.

Guzmán, C. D., Colina, C. F., & Hernández, A. H. (2016). Análisis de la elaboración de planes de negocio en los emprendimientos agroindustriales mexicanos. Revista Científica Agroecosistemas, 4(3), 1-6.

Castro, J. A., & Castro, I. D. (2019). Clasificación y análisis de los componentes de los planes de negocios en México. Revista Internacional de Contabilidad, Administración y Economía, 20(2), 154-174.

Estrada, M., & Olascoaga, R. (2015). El plan de negocios y su relación con el éxito empresarial en México. Contaduría y Administración, 60(2), 281-298.

García, I. F., & Sánchez, M. L. (2018). Evaluación del plan de negocios de empresas incubadas en México. Suma de Negocios, 9(20), 59-71.

López, L. F., & Zizumbo, A. R. (2016). Análisis de la elaboración de planes de negocios para empresas de base tecnológica en México. Revista de Economía, Empresa y Negocios, 5(1-2), 63-76.

Navarro, A. G., & Padilla, A. G. (2015). Evaluación de los planes de negocio de las pymes en México. Estudios Gerenciales, 31(134), 296-304.

Vega, R., & Arroyo, M. (2019). Análisis de los planes de negocio de los emprendedores sociales en México. Revista Española de Investigación en Marketing ESIC, 23(3), 69-80.

Serrano, C., & Castro, C. (2017). Diseño de un modelo de evaluación de planes de negocio para emprendedores en México. Revista de Ciencias Administrativas y Sociales, 1(2), 41-52.

López, J., Álvarez, M., & Bosch, M. (2016). Propuesta para la construcción y evaluación de planes de negocio en México. Contabilidad y Negocios, 11(22), 37-51.

Espinosa, A., De la Torre, H., & Rodríguez, A. (2019). An analysis of business plans in developing countries:

The case of Mexico. In Proceedings of CISTI2019-14th Iberian Conference on Information Systems and Technologies (pp. 1-6). IEEE.

Lizardi, A. M., & Bernal, F. (2018). Evaluación de los planes de negocios digitales desarrollados por las pymes en México. Journal of Economics, Finance and Administrative Science, 23(45), 64-77.

Gómez, L., & Rodríguez, G. (2017). La elaboración de planes de negocio en empresas turísticas de México. Innovar, 27(66), 105-120.

V. Financiación del negocio

De la Cruz, G., & Estrada, G. (2017). Fuentes de financiamiento para el crecimiento de las Pymes en México. Problemas del Desarrollo, 48(189), 43-68.

Escobar, B. M., & Rosas, G. A. (2019). Crowdfunding como estrategia de financiamiento para startups en México. Innovar, 29(73), 111-124.

Hernández, R. G., Soto, D. M., & Ramos, A. G. (2018). Fuentes de financiamiento para emprendimientos sociales en México. Contaduría y Administración, 63(3), 1-18.

Jiménez, F. M., & Martínez, V. (2017). Fuentes de financiamiento para el crecimiento de las Mipymes en México: una revisión bibliográfica. Sinéctica, (50), 1-20.

López, L. F., & Velarde, A. M. (2019). Financiamiento a emprendedores en México: análisis comparativo de las fuentes de financiamiento tradicionales y alternativas. Investigación Administrativa, 48(124), 38-51.

Sánchez, G. A., & Becerra, C. (2018). Financiamiento empresarial en México: un análisis de las fuentes y su impacto. Contaduría y Administración, 63(3), 1-18.

Suárez, A., & Fonseca, P. (2016). Crowdfunding como fuente de financiamiento para emprendedores en México. Contabilidad y Negocios, 11(21), 13-25.

Treviño, E., & Salazar, M. (2017). Fuentes de financiamiento en emprendedores de base tecnológica en México. Estudios Gerenciales, 33(144), 171-180.

Valdez, O. E., & Rodríguez, F. G. (2018). Fuentes de financiamiento y resultados empresariales: evidencia de una muestra de empresas mexicanas. Journal of Economics, Finance and Administrative Science, 23(45), 3-15.

Ramírez, A. R., & Mota, J. R. (2018). Financiamiento a través de capital de riesgo en México: análisis de su evolución y desafíos. Innovar, 28(68), 157-170.

Peña, J. L., & Valero, S. (2017). Financiamiento de las PyMEs en México: factores determinantes y propuestas de política pública. Innovar, 27(66), 37-52.

De la Cruz, G., López, L. F., & Estrada, G. (2019). Financiamiento a emprendedores en México: caracterización y análisis. Estudios de Economía Aplicada, 37(2), 405-430.

Gómez, G. G., & Lastra, A. J. (2017). El acceso al financiamiento de las PyMEs en México: una revisión de la literatura. Estudios Gerenciales, 33(145), 259-270.

Saucedo, J. M., & Flores, R. A. (2016). Fuentes de financiamiento de la micro y pequeña empresa en México. Revista de Economía y Desarrollo Empresarial, 1(1), 1-18.

Céspedes-Loredo, A., Fernández-Tapia, G., & Rodríguez-González, K. (2018). Fuentes de financiamiento de la industria manufacturera en México: un análisis de la diversificación. Estudios Económicos, 33(1), 67-104.

Díaz, N. S., & Meza, G. R. (2016). Fuentes de financiamiento y empleo de las pequeñas y medianas empresas en México. Contaduría y Administración, 61(3), 495-515.

Fuerte, E. O., Arreola-Hernandez, J., & Turrent, A. R. (2019). Desempeño financiero y fuentes de financiamiento de las empresas de la red de valor del maíz en México. Revista Austral de Ciencias Sociales, (36), 59-78.

Solís, J. A., Peña, J. L., & Valero, S. (2019). Factores determinantes del acceso a financiamiento en las PyMEs manufactureras de México. Investigación Económica, 78(308), 41-67.

Aranda, I. G., & Ponce, G. A. (2018). Factores que determinan la elección de la fuente de financiamiento en las PyMEs de México. Economía y Sociedad, 23(54), 1-23.

Sánchez, R. M. R., & González, A. J. C. (2017). Financiamiento y crecimiento de las empresas familiares en México. Reflexiones Contables, 16(32), 142-159.

VI. Puesta en marcha de la empresa

Benavides, M. L. (2018). Creación de empresas y emprendimiento en México: diagnóstico y propuestas para impulsar el ecosistema emprendedor. Fondo de Cultura Económica.

Dávila, C., Montero, G., & Zubieta, E. (2019). Pasos para poner en marcha tu empresa. AM Editores.

Guerrero, R., & Espinoza, A. (2017). Guía paso a paso para emprender tu negocio en México. Independently published.

Garza, J. S. (2019). Emprender en México: Guía práctica para emprendedores mexicanos. Independently published.

Rodríguez, S., & Tondopó, G. (2018). Guía práctica para emprender: Cómo crear una empresa exitosa en México. Independently published.

Paz, E., Pérez, G., & Vera-Cruz, A. O. (2019). Emprender en México dentro del contexto global. Universidad Autónoma del Estado de México.

Salazar, M., & Treviño, E. (2016). Cómo iniciar tu propio negocio en México. LID Editorial.

Ocampo, J., & Carbajo, C. (2018). Emprender en México. Ediciones de la U.

Basurto, E. P., & Galindo, A. (2017). Emprender con éxito: cómo crear, desarrollar y consolidar un negocio en México. Limusa.

De la Rosa, E., Díaz, M. Á., & Pérez, G. (2019). Guía para emprender un negocio en México. Independently published.

Duhne, F. (2018). Guía práctica para emprender un negocio. Panorama Editorial.

Gómez, P. C. (2017). Emprender en México: cómo poner en marcha tu propio negocio. Plaza y Valdés.

Castillo, R. G. (2016). Manual para emprender: Cómo poner tu propia empresa en 10 pasos en México. ST Editorial.

García, M. T., & Luna, T. (2017). Emprendimiento: cualidad y talento basado en el método CDWMA y su influencia en el crecimiento económico en México. EAE Editorial.

Cervantes, J. E. (2018). Manual completo de emprendimiento: Cómo iniciar, financiar y poner en marcha tu nueva empresa. Editorial AC.

Santillán, C. G., & Sánchez, K. (2019). Emprender en México, La guía definitiva. Independently published.

Martínez, J. M. (2018). Empresarismo y desarrollo económico: una perspectiva desde México. Editorial Académica Española.

Padilla, C., & Ocaña, O. (2019). Guía de emprendimiento e innovación en México. Independently published.

Valdespín Muciño, E., & Molina, A. (2016). Cómo emprender un negocio paso a paso: Manual SIMFIRE para emprender. Independently published.

Vargas, V. (2017). Iniciar un negocio rápidamente: Cómo emprender y comenzar una empresa sin complicaciones. Independently published.

VII. Lanzamiento y desarrollo de la empresa

Blank, S. G. (2013). The Startup Owner's Manual: The Step-by-Step Guide for Building a Great Company. K & S Ranch.

Ries, E. (2011). The Lean Startup: How Today's Entrepreneurs Use Continuous Innovation to Create Radically Successful Businesses. Currency.

Osterwalder, A., & Pigneur, Y. (2010). Business Model Generation: A Handbook for Visionaries, Game Changers, and Challengers. John Wiley & Sons.

McGrath, R. G., & MacMillan, I. C. (2009). Discovery-Driven Growth: A Breakthrough Process to Reduce Risk and Seize Opportunity. Harvard Business Review Press.

Stever, M. (2012). The Startup Owner's Manual: The Step-By-Step Guide for Building a Great Company. K & S Ranch.

Wiltbank, R. (2017). The Startup Checklist: 25 Steps to a Scalable, High-Growth Business. Wiley.

Osterwalder, A. (2004). The Business Model Ontology: A Proposition In A Design Science Approach. University of Lausanne.

Sahlman, W. A. (1997). How to Write a Great Business Plan. Harvard Business Review.

Coombes, P. H. (2015). The Successful Startup: Conceptualize, Build, Launch Your Online Empire. Cengage Learning.

Sinek, S. (2009). Start with Why: How Great Leaders Inspire Everyone to Take Action. Penguin.

Christensen, C. M. (1997). The Innovator's Dilemma: When New Technologies Cause Great Firms to Fail. Harvard Business Review Press.

Chesbrough, H. (2010). Business Model Innovation: Opportunities and Barriers. Long Range Planning, 43(2-3), 354-363.

Chesbrough, H. (2003). Open Innovation: The New Imperative for Creating and Profiting from Technology. Harvard Business Press.

Gassmann, O., Frankenberger, K., & Csik, M. (2014). The Business Model Navigator: 55 Models that Will Revolutionize Your Business. FT Press.

Scott, S. (2013). The Lean Entrepreneur: How Visionaries Create Products, Innovate with New Ventures, and Disrupt Markets. Wiley.

Johnson, M. W. (2010). Seizing the White Space: Business Model Innovation for Growth and Renewal. Harvard Business Press.

Liedtka, J. (2018). The Design Thinking Playbook: Mindful Digital Transformation of Teams, Products, Services, Businesses and Ecosystems. Wiley.

Blank, S. G., & Dorf, B. (2012). The Startup Owner's Manual: The Step-by-Step Guide for Building a Great Company. Wiley.

Maurya, A. (2012). Running Lean: Iterate from Plan A to a Plan That Works. O'Reilly Media.

McGrath, R. G. (2019). The End of Competitive Advantage: How to Keep Your Strategy Moving as Fast as Your Business. Harvard Business Press.

Ries, E. (2015). The Startup Way: How Modern Companies Use Entrepreneurial Management to Transform Culture and Drive Long-Term Growth. Currency.

Dyer, J. H., Gregersen, H. B., & Christensen, C. M. (2011). The Innovator's DNA: Mastering the Five Skills of Disruptive Innovators. Harvard Business Press.

Gibbons, R. (2013). The Rise and Fall of the Third Wave: The Story Behind AOL as Told in the Documentary Film. CreateSpace Independent Publishing Platform.

Sawhney, M., Wolcott, R. C., & Arroniz, I. (2006). The 12 Different Ways for Companies to Innovate. MIT Sloan Management Review, 47(3), 75-81.

Osterwalder, A., & Clark, T. (2009). Business Model Generation: A Handbook for Visionaries, Game Changers, and Challengers. Wiley.

Blank, S. G., & Dorf, B. (2012). The Startup Owner's Manual: The Step-by-Step Guide for Building a Great Company. Wiley.

Cooper, R. G. (2011). Winning at New Products: Creating Value through Innovation. Basic Books.

Bell, M., Heinemann, G., & Jazi, R. (2014). Lean Enterprise: How High-Performance Organizations Innovate at Scale. O'Reilly Media.

Blank, S. G. (2017). Four Steps to the Epiphany: Successful Strategies for Products that Win. K & S Ranch.

Dorf, R. C., & Byers, T. H. (2005). Technology Ventures: From Idea to Enterprise. McGraw-Hill Education.

Castañeda, J., & Cabrero, E. (2017). Emprendedurismo y desarrollo de empresas en México. Universidad Nacional Autónoma de México.

Díaz, E., Molina, A., & Gracia, J. (2019). El desarrollo empresarial en México: Retos y oportunidades. Universidad Autónoma del Estado de México.

Diez, M., & Quiles, M. (2018). Estrategias de desarrollo empresarial en México. Fondo de Cultura Económica.

Hernández, R., & Estay, F. (2017). Emprender para el desarrollo económico: Retos y oportunidades para las empresas en México. Coedición digital.

Casillas, J. C., Moreno, A., & Acedo, F. J. (2018). Desarrollo empresarial en México: Claves para el éxito y lecciones aprendidas. McGraw-Hill Education.

Velázquez, L., & Covarrubias, M. (2016). Emprendimiento y desarrollo empresarial en México: Una visión integral. Universidad de Guadalajara.

Castro, Á. M., & Rodríguez, C. (2019). Innovación y desarrollo empresarial en México. Instituto Tecnológico Autónomo de México.

Gil, M. V. (2017). Empresas y desarrollo económico en México. Universidad Nacional Autónoma de México.

López, E., & Gómez, M. (2018). La gestión del conocimiento en el desarrollo empresarial en México. Instituto Mexicano del Petróleo.

Robledo, R., & Rodríguez, V. (2019). Emprendimiento y desarrollo empresarial en la economía mexicana. Universidad Nacional Autónoma de México.

Rodríguez, M., & Cazares, M. (2017). Desarrollo empresarial e innovación en México. Instituto Tecnológico Autónomo de México.

Valdez, J. A., & González, B. (2018). Emprendimiento y desarrollo empresarial en México: Experiencias y perspectivas. Centro Regional de Investigaciones Económicas.

Domínguez, F., & Casanova, M. (2019). Desarrollo empresarial y competitividad en México. Fomento Cultural Banamex.

Lango, M., & Pereira, M. (2017). El emprendimiento como motor del desarrollo empresarial en México. EAE Editorial.

González, C., & Parra, J. (2018). Innovación empresarial y desarrollo económico en México. EAE Editorial.

Guzmán, L., & Pineda, R. (2019). Emprendimiento y desarrollo empresarial en México: Contexto y desafíos. Universidad Nacional Autónoma de México.

Espinoza, S., & González, M. (2018). Desarrollo empresarial y emprendimiento en México: Casos de éxito. Universidad Autónoma de Tlaxcala.

Navarro, J., & Núñez, G. (2017). Repercusiones del desarrollo empresarial en México. Universidad Autónoma de Baja California.

Herrera, M., & Robles, J. (2019). Empresas y desarrollo económico en México: Reflexiones y perspectivas. McGraw-Hill Education.

Sánchez, L., & Zamora, A. (2018). La promoción del desarrollo empresarial en México. Pontificia Universidad Javeriana.

Ortega, J., & Torres, R. (2017). Emprendimiento y desarrollo empresarial en México: Problemáticas y soluciones. Universidad Michoacana de San Nicolás de Hidalgo.

Maldonado, N., & Martínez, J. (2016). Desarrollo empresarial y competitividad en México: Enfoques y tendencias. Universidad Autónoma de Nuevo León.

Villanueva, J. M., & Álvarez, C. (2017). Emprendimiento y desarrollo empresarial en México: Retos y oportunidades. Universidad de Sonora.

Pérez, R., & Cortés, C. (2018). Innovación y desarrollo empresarial en México: Retos y perspectivas. Universidad Autónoma de Ciudad Juárez.

Romero, L., & Gutiérrez, I. (2019). Emprendimiento y desarrollo empresarial en México: Desafíos y estrategias. Universidad Autónoma de Chihuahua.

García, R., & Rojas, F. (2017). Desarrollo empresarial y competitividad en México: Retos y estrategias. CENIDET.

Muñiz, M., & Gutiérrez, D. (2018). Emprender para el desarrollo económico y social en México. Universidad Autónoma de San Luis Potosí.

Sosa, A., & Olvera, M. (2017). Desarrollo empresarial y competitividad en México: políticas públicas y privadas. Universidad Autónoma del Estado de Hidalgo.

Vázquez, P., & López, C. (2018). Empresarialidad e innovación en México: Factores clave para el desarrollo de empresas exitosas. Universidad Autónoma de Aguascalientes.

Serrano, J., & Guerrero, M. (2019). Emprendimiento y desarrollo empresarial en México: Perspectivas y desafíos. Universidad Veracruzana.